Hans Dieter Schaal
Wege und Wegräume   Paths and Passages

Hans Dieter Schaal

Wege und Wegräume — Paths and Passages

Untersuchungen — Investigations
Überlegungen — Reflections
Planungen — Planning

Ernst & Sohn

Die Deutsche Bibliothek – CIP Einheitsaufnahme

Schaal, Hans Dieter:
Wege und Wegräume – Paths and Passages / Hans Dieter Schaal.
Berlin: Ernst, Verlag für Architektur u. techn. Wiss., 1993.
ISBN 3-433-02406-5

Ernst & Sohn ist ein Unternehmen der VCH Verlagsgruppe
Ernst & Sohn is a member of the VCH Publishing Group

Satz: Werksatz Marschall, Berlin
Druck: Oskar Zach, Berlin
Bindung: B. Helm, Berlin
Herstellung: Fred Willer

Printed in Germany

„L'homme et ses signes" oder wie man Geschichte im Selbstverlag macht

Gedanken zur Neuauflage von Hans Dieter Schaals *Wege und Wegräume*

Ein Buch geht in die dritte, vierte, fünfte Auflage – ein Buch, das vor über fünfzehn Jahren in einem unscheinbaren oberschwäbischen Dorf in der Nähe von Biberach an der Riß erdacht, gezeichnet und im Selbstverlag herausgegeben wurde, weil kein deutscher Verleger das Risiko eines möglichen Fehlschlags auf sich nehmen wollte. Es war ein kleines Buch, das sich im Jahre 1978 ganz einfach in kein publizistisches Klischee einfügen mochte. Deshalb gab man sich konsterniert: Denn war das nun ein Architektur-, Karikatur-, Kunst- oder gar ein Lehr- und Vorlagenbuch im antiquierten Sinne? Sein Inhalt, *Wege und Wegräume,* mit dem verwirrenden Untertitel „Untersuchungen, Überlegungen, Planungen, Zeichnungen von Hans Dieter Schaal" ließ sich seinerzeit von szenekonformen Beobachtern genausowenig einordnen wie die Person seines Urhebers. Denn der arbeitete damals schon seit über einem Jahrzehnt an eigenartigen „Denkräumen" und „Denkbildern", welche nahezu alle bis dato bekannten Vorstellungswelten scheinbar mühelos überspringend in eine moderne Version von Diderots philosophisch untermauerter *Encyclopédie* münden sollten. *Wege und Wegräume* verkörperte dabei gleichsam das enzyklopädische Fundament dieses mühsamen, mehrbändigen (bis heute nicht abgeschlossenen) Unterfangens.

Hans Dieter Schaal beließ es in seinem publizistischen Erstling freilich nicht bei einer trockenen Ausbreitung der Materie. Unter Zuhilfenahme hyperrealistisch bis surrealistisch gezeichneter, schwarz-weißer Weg-Prospekte stieß er uns vielmehr nachdrücklich auf all das, was wir unterbewußt schon immer im Kopf hatten, räumlich indessen nie so recht konkretisieren konnten: Holzwege, Pilger- und Bußwege, Traum- und Saumpfade, Grenzwege, Touristen- und Individualistenstraßen, Schleich- und Rennwege, Flug- und Vogelschaukorridore, Blut-, Baum- und Wurzelwege, Gehirn- und Erkenntniswege, Lehr- und Vergnügungspfade, Kunstgeschichtswege, Irr- und Direktwege, Trimm-Dich- und Lebenspfade, Erotikwege, Paradiespfade, Entscheidungs- und Erinnerungswege, kurzum Wege und Wegräume in allen nur erdenklichen physischen und psychischen Aggregatzuständen. Teils durch literarische Fußnoten unmittelbar an das jeweilige Schaubild gekoppelt, teils durch didaktisch vielschichtige Bilduntertitel impliziert, bleibt die Be-Wertung des jeweiligen Denk-Bildes jedoch immer dem einzelnen Leser überlassen. Schaal will stimulieren und nicht dozieren!

Der historischen Gerechtigkeit halber sei angemerkt, daß Hans Dieter Schaals Auseinandersetzung mit Ritus und Mythos von Bewegungsspuren in Naturräumen seinerzeit nicht im luftleeren Raum agierte. So tauchte der Terminus „Denken in Bildern" schon anläßlich der großen Züricher Retrospektive

"L'homme et ses signes" or how to make history with a private publishing venture

Thougts on the new edition of Hans Dieter Schaal's *Wege und Wegräume*

A book is going into its third, fourth, fifth edition, a book devised over fifteen years ago in an unspectacular Upper Swabian village near Biberach an der Riß, drawn and published there as a private venture because no German publisher was prepared to take the risk of a possible failure. It was a small book, and in 1978 it simply didn't fit into any publishing category. Hence all the consternation: was it an architecture, caricatur and art book, or even a text and model book in the antiquated sense? Its contents, *Wege und Wegräume* **(paths and the passages round them),** with the confusing subtitle "Investigations, considerations, plans, drawings by Hans Dieter Schaal" was at the time as impossible to categorize by observers who conformed with the scene as the person of its author. For all the time he had already been working for over a decade on strange "Denkräume" and "Denkbilder" (thought spaces and thought images) intended to bring together practically all worlds of the imagination so far known with apparently effortless ease in a modern version of Diderot's philosphically underpinned *Encyclopédie. Wege und Wegräume* was, as it were, the encyclopaedic foundation of this painstaking enterprise in several volumes (still not completed today).

Hans Dieter Schaal did not restrict himself to a dry exposé of material in his first publishing venture. With the aid of hyperrealistical to surrealistical drawings, black-and-white trails of paths he emphatically brought home to us what was subconsciously already in our heads, but could not be properly concretized in spatial terms: "garden paths" to be led up on, pilgrim's and penitential ways, dream and peripheral paths, border trails, tourist and individual roads, clandestine paths and running tracks, flight and bird's-eye-view corridors, blood, tree and root canals, brain and cognition avenues, teaching routes and pleasure routes, art history tracks, roundabout ways and direct ways, fitness and life paths, erotic ways, paradise lanes, ways of decision and memory, in short: ways and the areas around them in all conceivable physical and psychological aggregate conditions. E-valuation of each of the thought images is however always left to the individual reader, sometimes directly coupled with the image in question by literary footnotes and sometimes implied by multilayered didactic picture captions. Schaal intends to stimulate and not to lecture!

For reasons of historical justice let it be noted that Hans Dieter Schaal's analysis of the rites and myths of traces of movement in natural spaces did not occur in a vacuum. The terms "thinking in pictures" had already cropped up on the occasion of the great Zürich retrospective on the subject of "Myth and ritual in 70s art". Underpinned by scientific perceptions by Carl Einstein, Michel Leiris, Aby Warburg, Claude Lévi-Strauss, An-

zum Thema „Mythos + Ritual in der Kunst der 70er Jahre" auf. Untermauert von wissenschaftlichen Erkenntnissen von Carl Einstein, Michel Leiris, Aby Warburg, Claude Lévi-Strauss, Antonin Artaud und anderen wurden die Wurzeln der amerikanischen Land-Art ebenso vielschichtig dargestellt wie die der europäischen „Spurensucher" und „Installationskünstler". Und es waren prominente Namen, die uns da präsentiert wurden: Michael Heizer, Walter de Maria, Richard Long, Michael Singer, Alice Aycock, Dani Karavan, Charles Simonds, Jannis Kounellis, Mario Merz, Joseph Beuys und viele andere mehr. Und hatten sich nicht Maler wie Peter Brüning und Allan d'Arcangelo noch früher explizit mit dem Thema „Wegräume" bildnerisch auseinandergesetzt?
Diese Auflistung dient ausschließlich der Relativierung des Eindrucks, Hans Dieter Schaal habe im Jahre 1978 mit seinen Denkansätzen weltweit allein auf weiter Flur gestanden. Nicht zu relativieren sind indes singuläre Tiefenschärfe und argumentative Präzision des Schaal'schen Buches in den siebziger Jahren. Und noch weniger zu relativieren ist die schier unglaubliche Wirkung, welche durch Rezeption und Verbreitung dieses kleinen, ursprünglich selbstverlegten Bändchens hierzulande ausgelöst worden ist. Anfänglich als regelrechter Geheimtip gehandelt, später in nahezu allen namhaften Akademie- und Universitätsbibliotheken zu finden und zwischenzeitlich – von vielen Jüngeren bedauert – immer wieder vergriffen, ist *Wege und Wegräume* längst zu dem geworden, was man einen Klassiker nennt. Könnte es einen besseren Beweis für diese Behauptung geben als die, daß der renommierte Wissenschaftsverlag Mouton des Gruyter dieses Buch (neben des späteren Büchern Schaals) im vergangenen Jahr in seine semiotische Anthologie *Signs of Humanity – L'homme et ses signes* aufgenommen hat? Wie heißt es da unter den Stichworten „architektonische Situationen", „Wege und Wegräume" sowie „Denkgebäude" so zutreffend: „The architect, draftsman and stage-designer Hans Dieter Schaal holds a central position in the movement of spatial performers." Das vorliegende Buch – daran ist historisch nicht mehr zu rütteln – gehört also zur Kategorie derer, die bereits heute Geschichte gemacht haben; vielleicht ist es sogar (wie viele Erstlinge) das „Schönste", das Hans Dieter Schaal bislang zuwegegebracht hat.
Frank R. Werner

tonin Artaud and others, the roots of American Land Art were displayed in just as complex a fashion as those of European "trail-sneakers" and "installation artists". And the names presented to us there were distinguished: Michael Heizer, Walter de Maria, Richard Long, Michael Singer, Alice Aycock, Dani Karavan, Charles Simonds, Jannis Kounellis, Mario Merz, Joseph Beuys and many others. And had not painters like Peter Brüning and Allan d'Arcangelo made an explicit creative approach to the subject of "Wegräume" in pictorial terms even earlier?
This listing is intended exclusively to put a correct perspective upon the impression that in 1978 Hans Dieter Schaal was all alone in the world with his particular intellectual approach. But the singular depth of focus and precise argument of Schaal's book in the seventies context must be emphasized. And even more to be emphasized is the almost incredible effect unleashed in this country by the reception and distribution of this little book originally published by the author himself. At first it was treated as a real insider tip, later to be found in practically all notable academy and university libraries and in the mean time – to the regret of many younger people – continually out of print, *Wege und Wegräume* has long become what is known as a classic. Could there be better proof of this assertion than that Mouton de Gruyter, the distinguished academic publisher, took up this book (and Schaals's later books) in his semiotic anthology *Signs of humanity – l'homme et ses signes* ? What does it so accurately say under the headings "architectonic situations", "Wege und Wegräume" and "Denkgebäude": "The architect, draftsman and stage-designer Hans Dieter Schaal holds a central position in the movemant of spatial performers." The present book – and historically this cannot be denied – is thus the category of those that have already made history today; perhaps it is even (like many first works) the "most beautiful" that Hans Dieter Schaal has achieved to date.
Frank R. Werner

Wege und Wegräume

Ich gehe durch Städte und Landschaften, durch Gespräche und Bücher. Alles, was sich in der Zeit und im Raum abspielt, fasse ich als Weg auf. Den Zeitraum stelle ich als realen Raum dar. Der Weg wird so zum zentralen Medium der Welterfahrung und damit zum Synonym für Leben.

Die sichtbare Landschaft und die geistige Landschaft des Denkbaren sind überzogen mit Wegen und Straßen: Straßenkarten und Bücher. Jeder Weg ist vorgefertigtes Gehen; ein Leitsystem, in das man sich meist unbemerkt begibt. Nur ein schmaler Bewußtseinsstreifen läuft mit.

Die Totalität der Welt kann weder erlebt noch gedacht werden. Besonders die Wege des Alltags sind schmal und ausgetreten, nur in bewußten Momenten erweitern sie sich zu inselartigen Räumen.

Das freie Gehen durch wegloses Gelände ist gefährlich und daher selten. Man muß die Richtung selbst bestimmen und kann sie in jedem Augenblick ändern, allerdings läuft man immer Gefahr, sich zu verirren.

Im Gegensatz zum Raum, zur Wohnung, ist der Charakter des Weges und der Straße fließend. Die Bewegung, das Unterwegssein, das Ruhelose ist sein Wesen. Er hat einen utopischen Aspekt. »Der Weg ist das Merkmal einer unendlichen Ferne. Er setzt die statische Landschaft in Bewegung auf den Horizont hin.« (Linschoten). Der fließende Charakter des Weges verstärkt das Gefühl für die verfließende Zeit. »Wenn man steht, steht man immer im Fluß des Heraklit. Wenn man geht, wird man selbst zum Fluß, man wird ein Tropfen im Fluß, ein Stück Holz im Fluß. Wahrscheinlich beginnt man aus Angst stets wieder zu gehen, aus Angst fortgeschwemmt zu werden und unterzugehen. Im Stehen braust die Zeit um den Körper wie hochgehende Wasser um Brückenpfeiler. Im Gehen wird die Dauer erträglich.« (Rosei).

Wie die Zeit, ist auch der Weg an sich – undenkbar. Er erhält seine Bedeutung durch das, was ihn begleitet, was auf ihm liegt, was ihn versperrt, worauf er zuführt:

Las Vegas-Strip, Waldweg, Via appia, Feldweg, Champs-Elysées, Wüstenweg, Ringstraße, Gebirgsweg, Kurfürstendamm, Madison-Avenue, Gartenweg, Neue-Straße, Küstenweg, Straße, Sandweg, Autobahn, Kiesweg, Landstraße, Nomentana, Trampelpfad, Königstraße, Spuren, Canale Grande, Lebensweg, Ludwigstraße, Luftweg, Rue St. Denis, Höhlenweg, Sunset-Boulevard, Ruinenweg, Dichterweg, Boulevard-St. Michel, Lehrpfad, Wege ohne Ziel, Angstweg, Barockgartenweg, Weg ins Unterbewußte, Geologischer Weg, guter Weg und schlechter Weg, Triumphweg, Vererbungsweg, Fließbandweg, Altarweg, Hotelflur, Wasserweg, Opferweg, Bürokorridor, Kunstgeschichtsweg, Ladenstraße, Fußgängerstraße, Bahnhofstraße, Philosophenweg, Wunschweg, Kreuzweg, Gedankengang, Sonnenbahn, Selbstmordweg,

Paths and Passages

I move through cities and landscapes, through conversations and books. Everything that happens in space, everything that happens in time I conceive as a path. Time-space is, for me, real space. Thus, the path becomes the key to experiencing the world, a synonym for life itself.

The visible landscape and the spiritual landscape of the imaginable are criss-crossed with paths and roads: maps and books. Each path is prefabricated motion, a system of guideposts which, usually, we follow without being aware of it. Only a narrow strip of consciousness runs alongside the path.

The world cannot be experienced or conceived in its totality. The paths of everyday life, in particular, are narrow and well-trodden. Only in fleeting moments of awareness do they expand into islands of space.

To move freely over pathless ground is to court danger; hence, we seldom do it. We have to determine our own course and can alter it at every instant, yet always at the risk of getting lost.

Unlike space and residence, the path is ever-flowing. Its essence is movement, restlessness, flux. It has a utopian side. ›The path is the mark of infinite distance. It sets the static landscape in motion towards the horizon‹ (Linschoten). The flowing character of the path reinforces our sense of the flow of time. ›When we stand, we stand in Heraclitus' river. When we walk, we ourselves become a river, a drop in this river, a piece of wood floating upon it. It is probably fear that always starts us moving again, fear of being washed away, of being submerged. Standing, time roils past our bodies like floodwaters around the piers of a bridge. Moving, the passage of time becomes endurable‹ (Rosei).

Like time, the path is unthinkable by itself, in isolation. It is given meaning by whatever accompanies it, lies upon it, blocks it, serves as its destination:

Las Vegas Strip, forest path, Via Appia, meadow lane, Champs-Elysées, desert road, ring road, mountain path, Kurfürstendamm, Madison Avenue, garden path, New Road, coastal path, street, sand path, motorway, gravel path, country road, Nomentana, beaten track, Regent's Street, foortprints, Canale Grande, walks of life, Embarcadero, skyway, Rue St. Denis, underground passage, Sunset Boulevard, cloistered path, Poet's Walk, Boulevard-St. Michel, wagon trail, endless road, Trepidation Road, Baroque garden path, path to the unconscious, geological path, right path and wrong path, path of glory, of inheritance, of conveyance, path to the altar, hotel corridor, waterway, road to Calvary, office corridor, path of art history, shopping street, pedestrian mall, St. Pancras Road, Philosopher's Walk, Easy Street, crossroads, train of thought, solar orbit, path of meditation, of recollection, of hallucination, of suicide, of fantasy, of imagination, the gauntlet, auditory canal, nasal canal, nerve path, diagnostic path,

Meditationsweg, Erinnerungsweg, Halluzinationsweg, Phantasieweg, Vorstellungsweg, Spießrutenweg, Tastweg, Hörweg, Geruchsweg, diagnostischer Weg, Evolutionsweg, Revolutionsweg, Irrweg, Traumweg, Triebweg, Nonensweg, Pflanzenweg, Glaubensweg, Kreuzung, Kreisweg, Parallelweg, EKG, EEG, Zufallsweg, Rechenweg, Lernweg, Denkweg, Bleib-auf-deinem Weg, Wegführung, Himmelsweg, Führ-du-meine-Wege, Hohlweg, Entdeckerweg, Fluchtweg, Nebenweg, Hauptweg, Treppenweg, Erosweg, Büroweg, Erfolgsweg, Theaterweg, Wolkenweg, Museumsweg, Bücherweg, Wortweg, Kakteenweg, Zooweg, Länderweg, Baumweg, Abfallweg, Krankenweg, Instanzenweg, Wirtschaftsweg, Moralweg, Kriegsweg, Sterbeweg, Wege von Mund zu Mund, von Ohr zu Ohr, von Fenster zu Fenster, von Tür zu Tür, Wege an Worten entlang, unter Sätzen hindurch, Wege durch Bäume, Zweige und Blätter, vorläufige Wege, Wege am Sinn vorbei, Wegüberlegungen, Wegannäherung, Wegzeit, Wegraum, Weg.

Die nachfolgenden Zeichnungen wollen der zunehmenden Abstraktion unserer Wirklichkeit, bedingt durch naturwissenschaftliches Denken, entgegenwirken und, soweit das möglich ist, durch ein Bilddenken ersetzen. Untersuchungen und Überlegungen zum Thema Gehen und Weg stehen am Anfang, es folgen Wegentwürfe und Wegmöglichkeiten, bei denen landschaftsplanerische und architektonische Aspekte im Vordergrund stehen.

evolutionary path, revolutionary path, wrong track, dreamway, driveway, your way, my way, Broadway, path to faith, crossing, circular path, parallel path, ECG, EEG, string of coincidences, of sums, thought paths, learning paths, stay-on-your-own path, way out, way in, going my way, alleyway, paths of discovery, of flight, highway, byway, stairway, Eros Path, Office Path, Success Path, Theater Path, Cloud Path, Museum Path, Book Path, World Path, Cactus Path, Zoo Path, Nation Path, Tree Path, Rubbish Path, Invalid Path, Bureaucracy Path, Economy Path, Morality Path, War Path, Death Path, path from mouth to mouth, from ear to ear, from window to window, from door to door, paths between the lines, under the sentence, through trees, branches and leaves, temporary paths, paths skirting the meaning, diverging paths, converging paths, pathspace, pathtime, path.

The drawings in this volume are intended to offset the increasing abstraction of our reality at the hands of scientific thought, and to replace this abstraction as far as possible by a way of thinking in images. At the beginning are studies and reflections on the subject of paths and motion. This is followed by sketches of paths, both real and potential, with a focus on architectonics and landscape design.

Untersuchungen und Überlegungen *Investigations and Reflections*

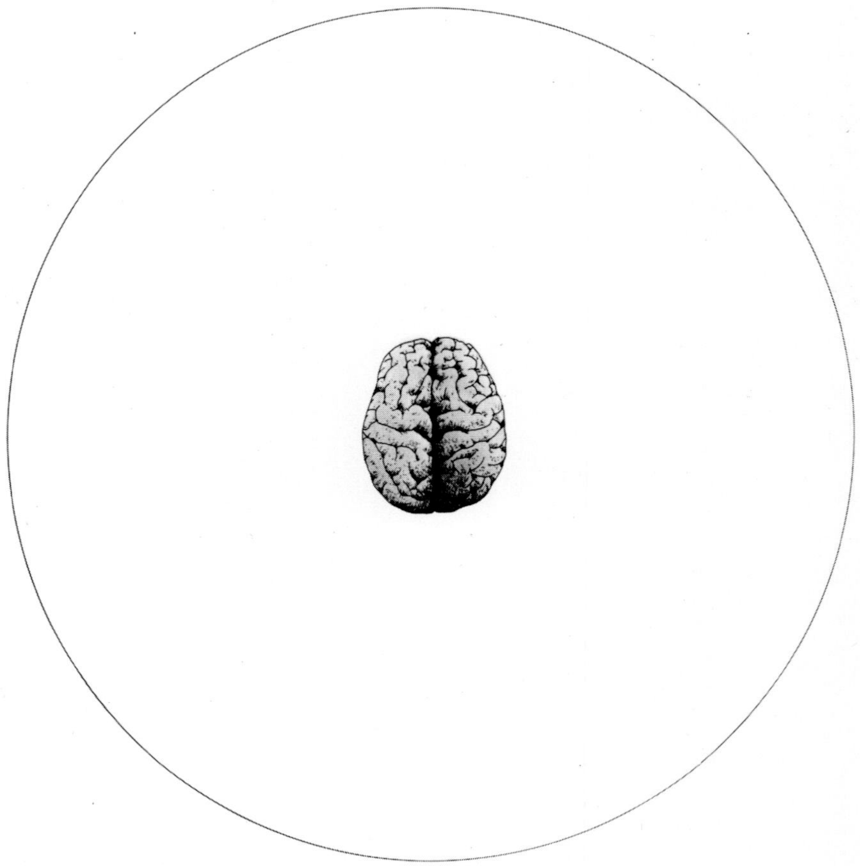

Der Kopfraum ist nicht erlebbar. Form und Inhalt sind nicht identisch.
Sich den kleinstmöglichen Raum vorstellen (weglos), dann den größtmöglichen. Die Grenzbereiche der Vorstellungskraft ermitteln.

Brainspace cannot be experienced. Form and content are not identical.
Imagine the smallest space possible (pathless), then the largest. Discover the borderlands of the imagination.

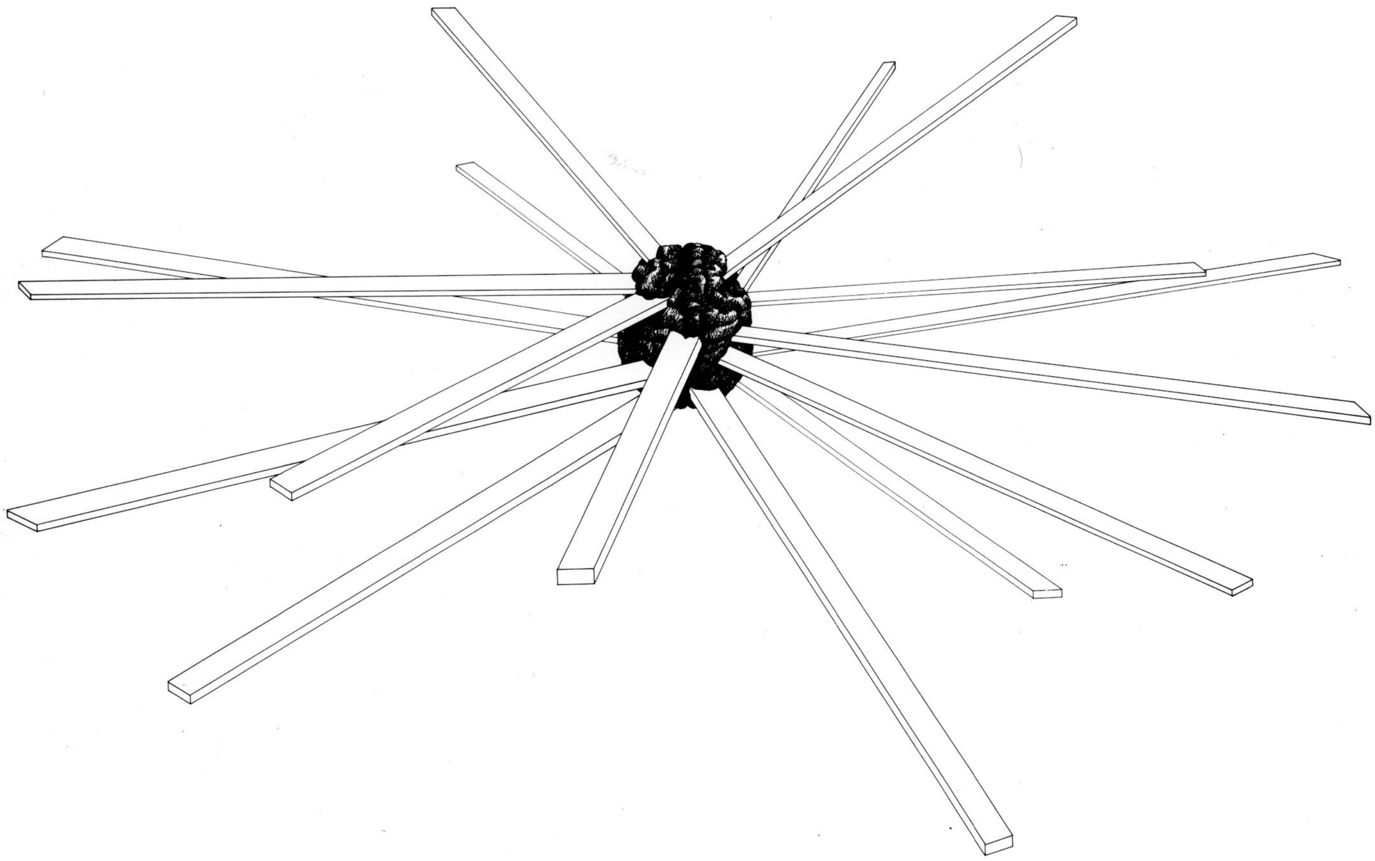

Die schmalen Bewußtseinswege zum Gehirn.

Narrow paths of consciousness leading to the brain.

Spuren: Das Gehen ist ein Balanceakt.
Man beugt sich so weit nach vorn, bis man das Gleichgewicht verliert, fängt dann aber den drohenden Fall rechtzeitig mit einem Schritt vorwärts ab.

Footprints: walking is a balancing act.
We bend forward just enough to lose our balance, then avert the impending fall in the knick of time by taking another step.

»Der lange Pfad über das Moor in den Wald hinein – wer hat ihn ausgetreten? Der Mann, der Mensch, der erste, der hier war. Für ihn war noch kein Pfad vorhanden. Später folgte dann das eine oder andere Tier der schwachen Spur über Sümpfe und Moore und machte sie deutlicher, und wieder später schnupperte allmählich der oder jene Lappe den Pfad auf und benützte ihn, wenn er von Berg zu Berg wanderte, um nach seinen Rentieren zu sehen. So entstand der Weg durch die weite Allmende, die niemand gehörte, durch das herrenlose Land.« (aus Knut Hamsum ›Segen der Erde‹).
»Gehen und Denken stehen in einem ununterbrochenen Vertrauensverhältnis zueinander, sagt Oehler. Die Wissenschaft des Gehens und die Wissenschaft des Denkens sind im Grunde genommen eine einzige Wissenschaft.« (aus Thomas Bernhard ›Gehen‹)
»Indem man glaubt, irgendwo zu sein, ist man in Wirklichkeit immer erst dorthin unterwegs.
Wenn ich an die Stadt denke, sehe ich vor mir immer ein ganz gewisses Stadtstück, in dem ich andauernd unterwegs bin. Aber während ich in diesem Stadtstück unterwegs bin, bin ich in Wirklichkeit erst unterwegs zu diesem Stadtstück, in dem ich andauernd unterwegs bin« (aus G. F. Jonke ›Die Stadt‹).
»Gehen ist eine Beschäftigung in endloser Gegenwart. Solange man geht, geht man und immer geht man jetzt« (aus Peter Rosei ›Wege‹).
»Oft gehe ich stundenlang pausenlos in meinem Zimmer auf und ab ohne zu wissen warum ich stundenlang pausenlos in meinem Zimmer auf und ab gehe. Und während ich wieder stundenlang pausenlos in meinem Zimmer auf und ab gehe ohne zu wissen warum ich stundenlang pausenlos in meinem Zimmer auf und ab gehe erkenne ich plötzlich daß mein ganzes Dasein nie etwas anderes gewesen ist als ein einziges stundenlanges pausenloses Aufundabgehen im Zimmer« (aus G. F. Jonke ›Im Inland und im Ausland auch‹).

›The long, long trail over the moor and into the forest: someone made it, but who? The first man, the first human being in this region. For him, there was no trail. Later, one animal or another followed his faint footsteps over swamp and moor, adding its own, and still later some Lapp or another gradually scented the trail and made use of it as he wandered from mountain to mountain, tending his reindeer. In this way, the path originated over the vast common, over the land belonging to none one, ruled by no one.‹ (Knut Hamsun: »Segen der Erde«)
›Walking and thinking stand in a mutual relation of undivided trust, says Oehler. The science of walking and the science of thinking are, basically, one and the same.‹ (Thomas Bernhard »Gehen«)
›We believe we are somewhere when in reality we are only *en route* to that somewhere.
When I think of the city, I always imagine a quite particular part of the city in which I am constantly on the move.
›But while I am on the move in this part of the city I am, in reality, only *en route* to this part of the city in which I am constantly on the move.‹ (G. F. Jonke »Die Stadt«)
›Walking is an activity in the eternal present. So long as we walk, we are walking ever and always – now.‹ (Peter Rosei »Wege«)
›I often pace my room ceaselessly for hours on end withoutknowing why I am pacing my room ceaselessly for hours on end. And while I am pacing my room ceaselessly for hours on end without knowing why I am pacing my room ceaselessly for hours on end I suddenly realize that my whole existence has never been anything more than a ceaseless pacing-of-my-room for hours on end.‹ (G. F. Jonke »Im Inland und im Ausland auch«)

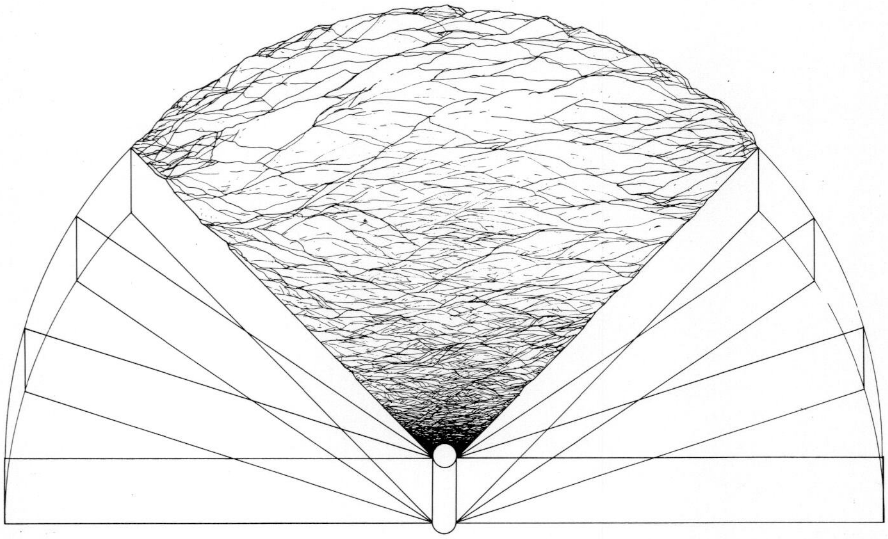

Wahrnehmungsfeld, Wahrnehmungssegment, Wahrnehmungsraum.
»Das Bewußtsein ist überdies einer gewissen Beschränkung unterworfen. Es kann in einem gegebenen Augenblick immer nur einige wenige Inhalte gleichzeitig festhalten. Alles übrige ist in jedem Moment unbewußt; die Vorstellung des kontinuierlichen Zusammenhangs der bewußten Welt, das Wahrnehmen und Verstehen eines allgemeinen Zusammenhanges wird uns daher nur aufgrund des Ab- oder Aufeinanderfolgens solcher bewußter ›Momentaufnahmen‹ vermittelt. Es ist uns nicht möglich, die Ganzheit ins Bild zu bekommen – dafür ist unser Bewußtsein zu begrenzt; wir sehen jeweils nur das, was der Scheinwerfer gerade beleuchtet« (aus C. G. Jung ›Die Tavistock Lectures 1935‹)

Field of perception, segment of perception, space of perception.
›Besides, consciousness is subject to a certain restriction. At any given instant it can only fix on a small number of objects simultaneously. Everything else is, at that moment, unconscious; it is only the sequences and successions of these conscious »snapshots« that give us the impression that our conscious world forms a continuum, that we are perceiving and comprehending our world within an overriding context. We can never form a picture of the world in its entirety – our consciousness is too limited for that; we only see what the spotlight happens to illumine.‹ (C. G. Jung »Die Tavistock Lectures 1935«)

Waldweg mit zunehmender bzw. abnehmender Realität. Die Wahrnehmungsintensität pulsiert.

Forest path, increasing (or decreasing) in degrees of reality. The intensity of perception throbs.

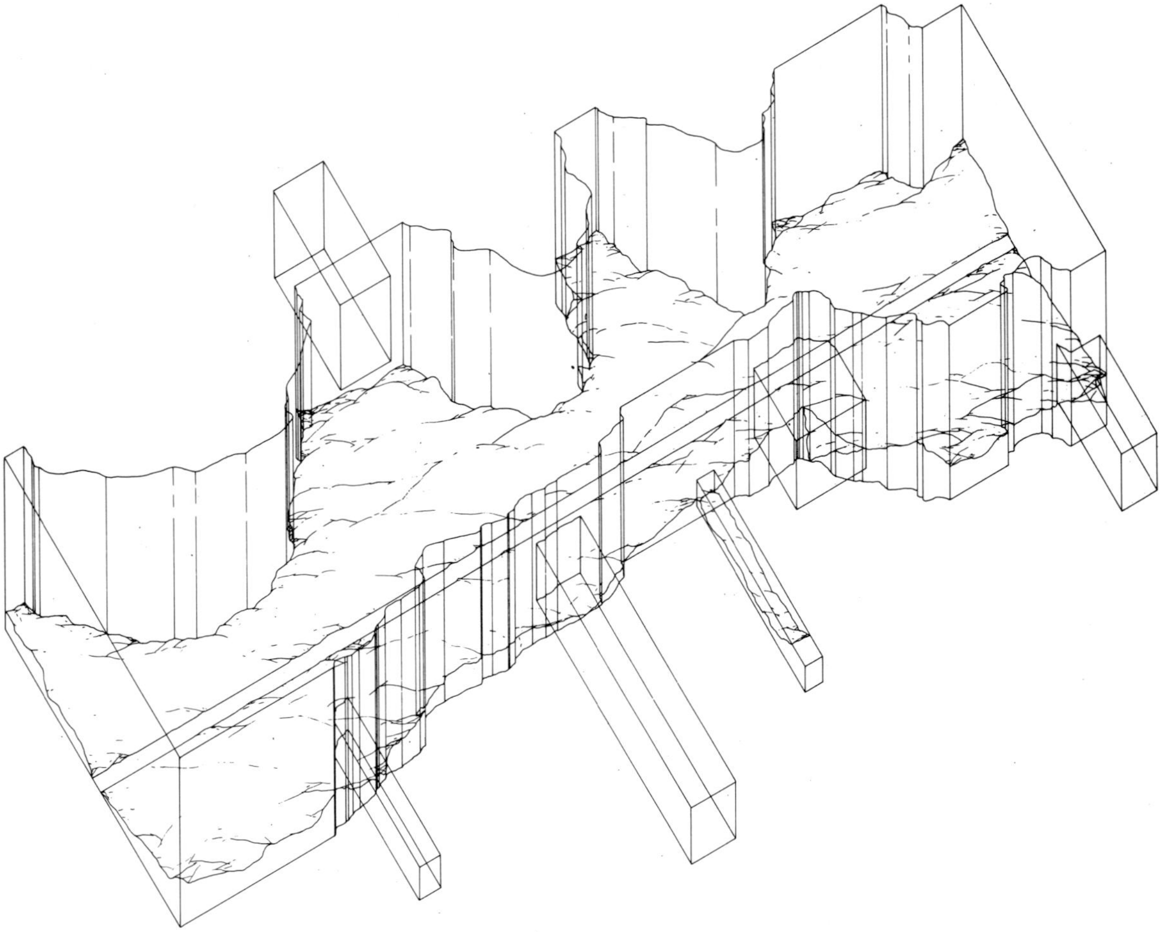

Erlebnisraum: Straße.

Auch die seitlichen Ausblicke sind zeichnerisch erfaßt und exakt umgrenzt. In Wirklichkeit sind die Grenzen schwimmend, wie im Nebel.

The street as a spacial experience.

The lateral views, too, have been captured and precisely delimited in the drawing. In reality, their limits are vague and diffuse, as though shrouded in mist.

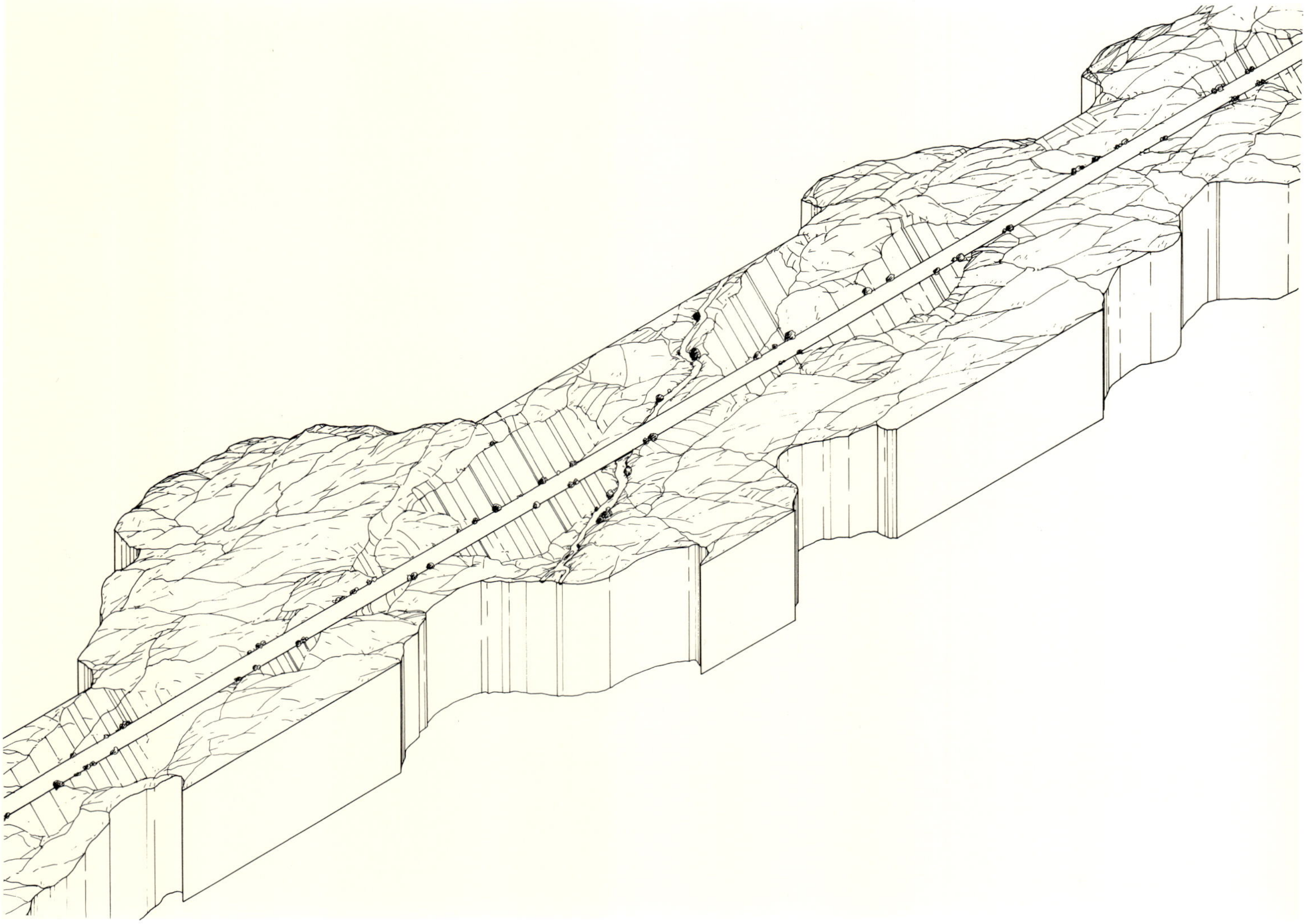

Die Tatsache, daß nur ein begrenzter Wahrnehmungsbereich mitläuft, macht den Gedanken einleuchtend, daß dort, wo man nichts mehr sieht, auch nichts mehr ist, daß dort die Welt zu Ende ist. Hier beginnt der Raum der Vorstellung und der Erinnerung.

The fact that we are accompanied by a limited range of perception makes it seem plausible that, where our vision stops, existence stops as well, and the world comes to an end. Here the world of imagination and memory begins.

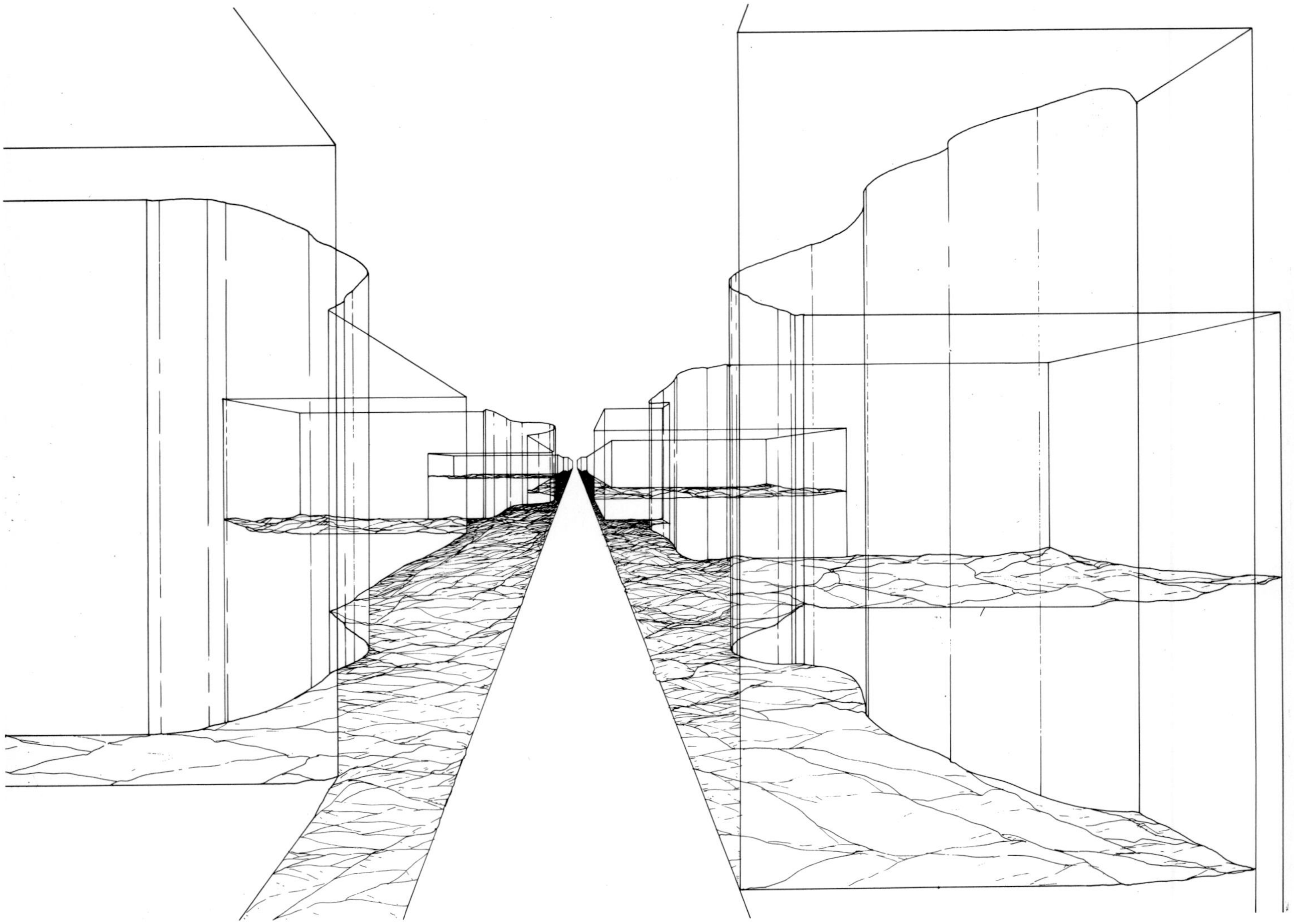

Derselbe Erlebnisraum aus subjektiver Sicht: ein Blick in die Vergangenheit oder in die Zukunft. Die Zeichenebene als Schnitt durch den gegenwärtigen Moment.

The street again, from a subjective standpoint: a glance into the past or the future. The plane of the drawing as a cross-section through the present.

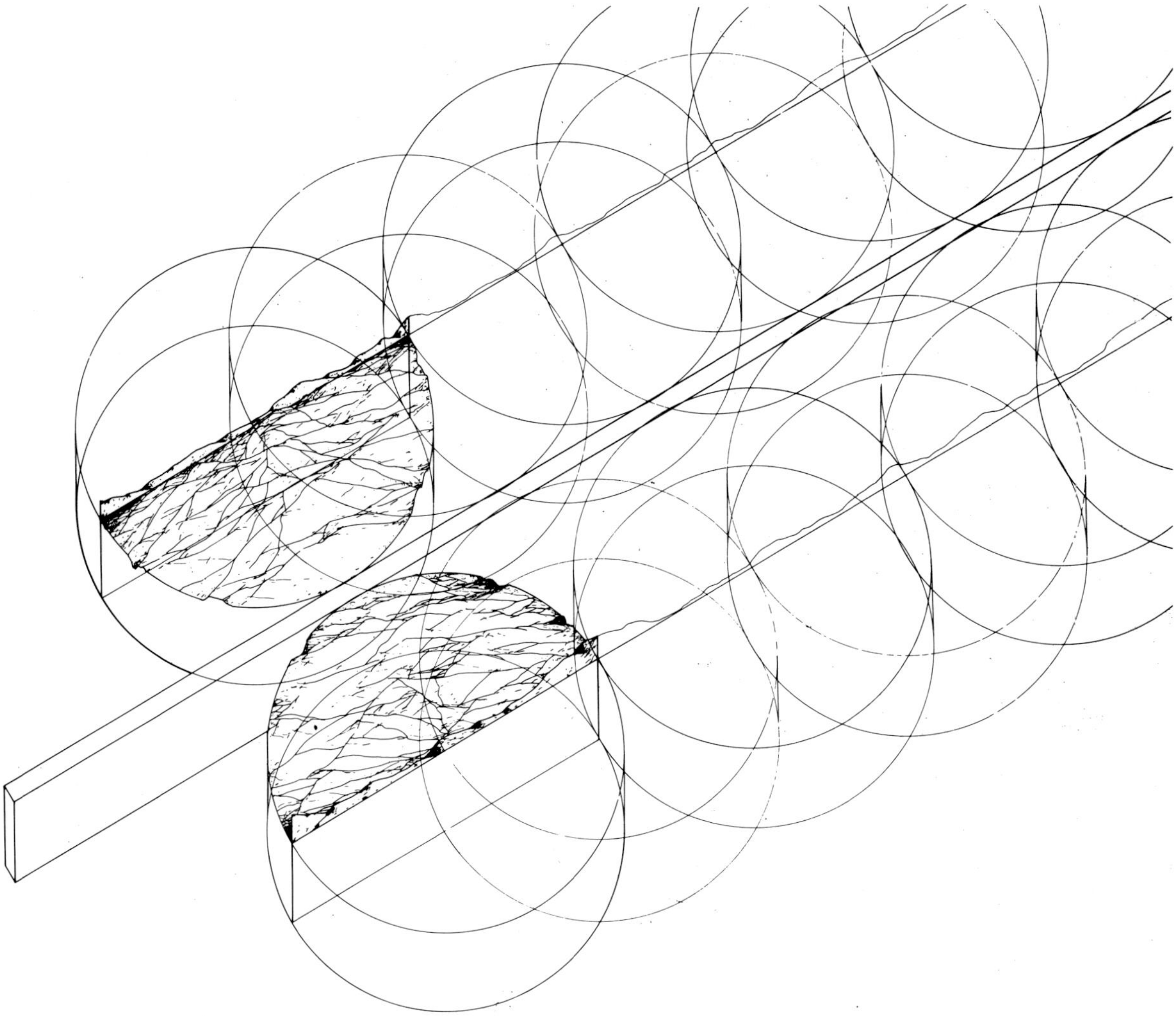

Die vorbeiziehende Landschaft (z. B. beim Auto- oder Eisenbahnfahren) nicht als Fließband erlebt, sondern als rotierende Scheiben.
»Aber was dahinter liegt, jenseits des Straßenrandes, ist nicht mehr Raum im eigentlichen Sinn. Es hat seine sinnvolle Wirklichkeit verloren und versinkt in einer eigentümlichen Bildhaftigkeit. Es ist ein unerreichbarer Bereich, nicht viel anders als der Mond am Himmel und die unbesteigbaren Berge. Der Autofahrer bewegt sich nicht mehr in der Landschaft, wie der Wanderer, sondern die Landschaft bewegt sich an ihm vorbei. Sie wird zum bloßen Panorama. Und zwar vollzieht sich diese Entwicklung des landschaftlichen Hintergrunds um so stärker, je mehr die Geschwindigkeit des Fahrzeuges wächst, bis er schließlich ganz verschwindet.« (Otto Friedrich Bollnow)

Landscape in passing (e. g. during an automobile or railway journey), experienced not as a conveyor belt but as rotating disks.
›Yet that which lies behind and beyond the edge of the road is no longer space in the full sense of the word. It has forfeited its real meaning and is bathed in a peculiar picturesqueness. It is an unattainable realm, not much different from the moon in the heavens or unscaleable mountains. The automobile driver no longer moves through a landscape like a hiker; instead, the landscape moves past him, becoming a mere panorama. What is more, the faster the speed of the automobile, the more the landscape comes to resemble a backdrop until, ultimately, it disappears altogether.‹ (Otto Friedrich Bollnow)

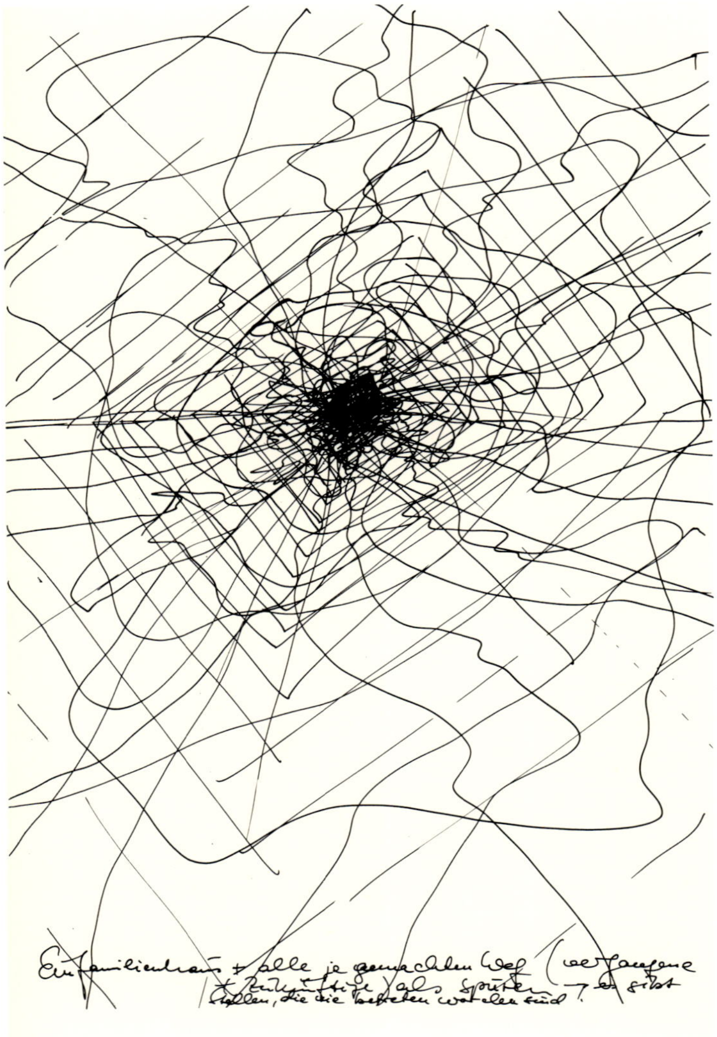

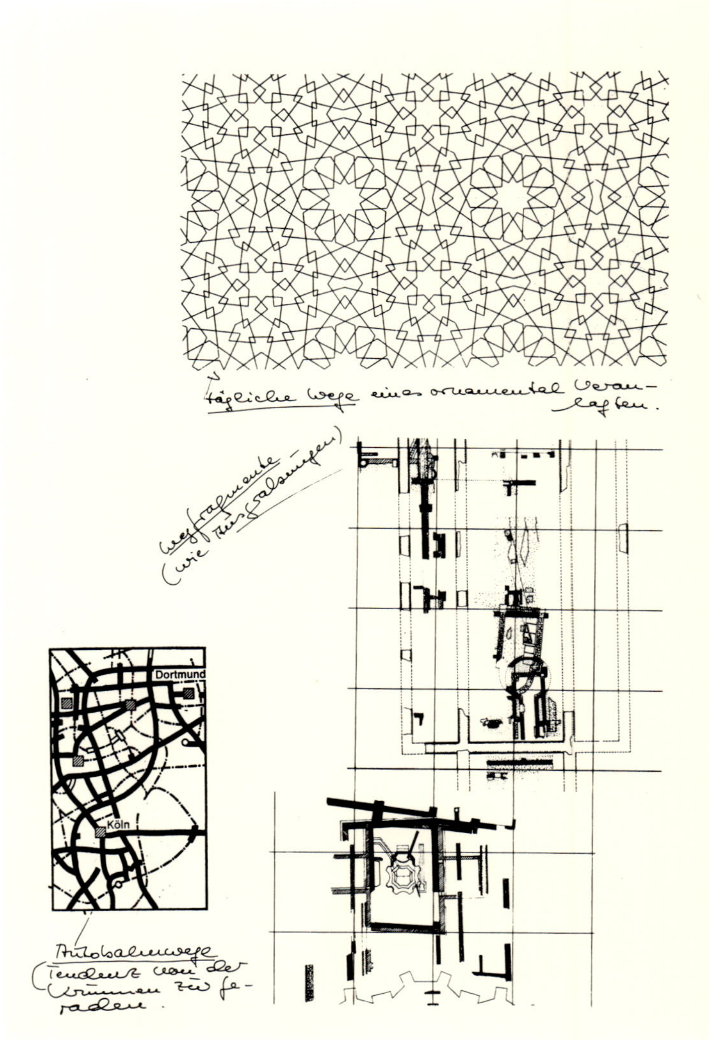

Die täglichen Wege, exakt nachgezeichnet, ornamental, fragmentarisch.

Everyday paths, rendered exactly, ornamentally, fragmentarily.

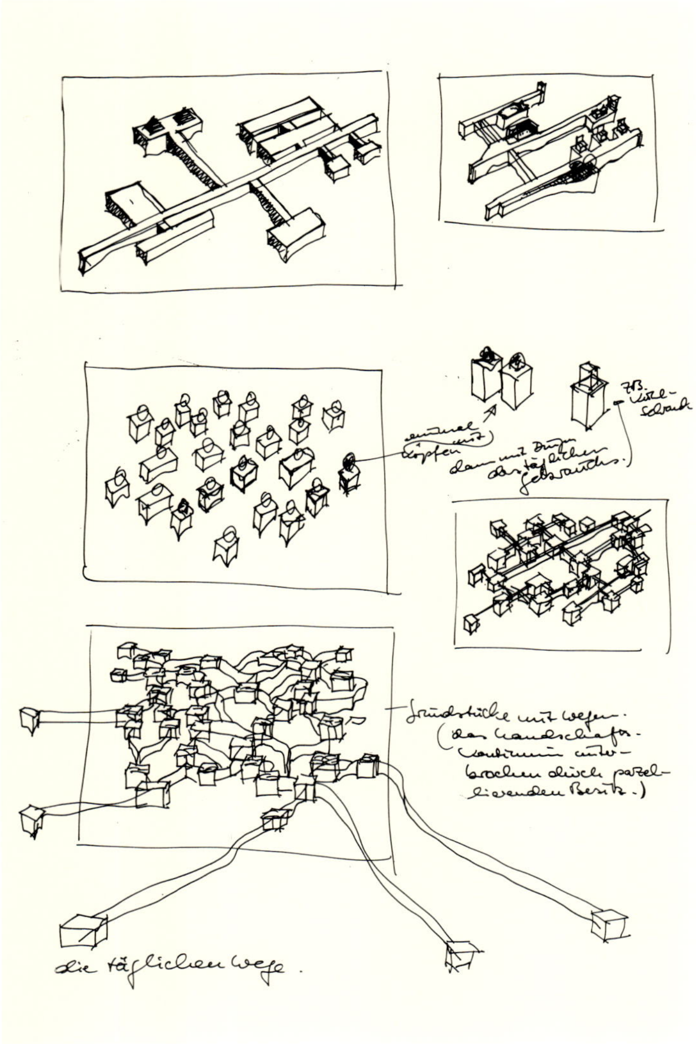

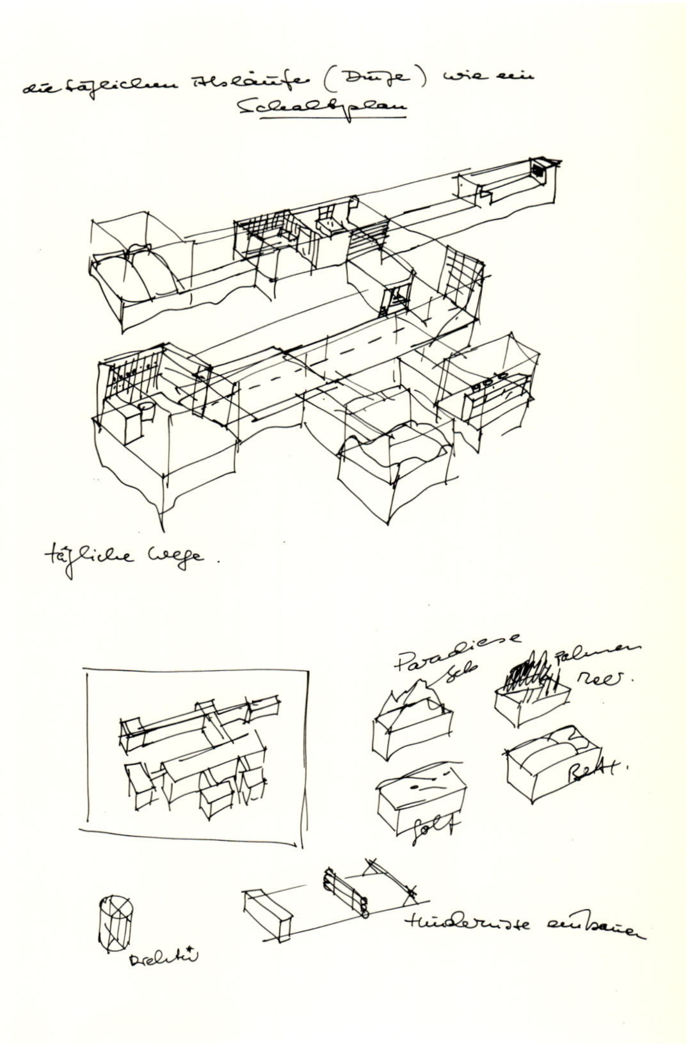

Die täglichen Wege wie Schaltpläne.

Everyday paths, rendered as circuit diagrams.

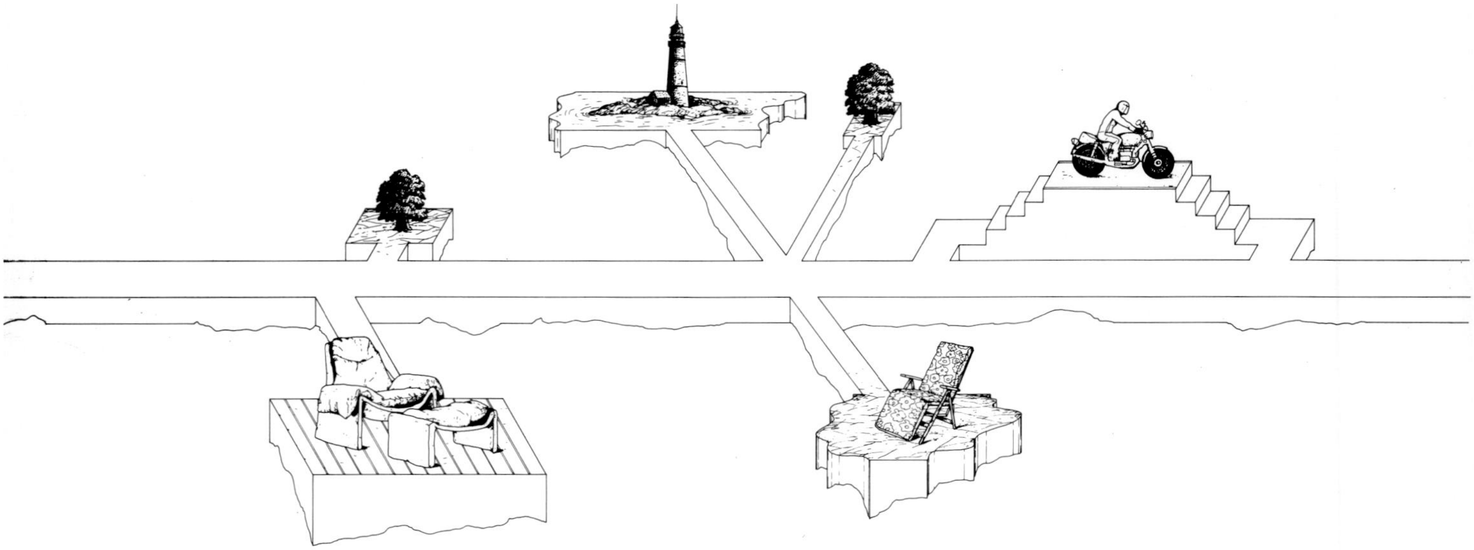

Die täglichen Dinge stehen am Ende von schmalen Wegen auf einsamen Inseln.

Objects of everyday life, standing on solitary islands as the end of narrow paths.

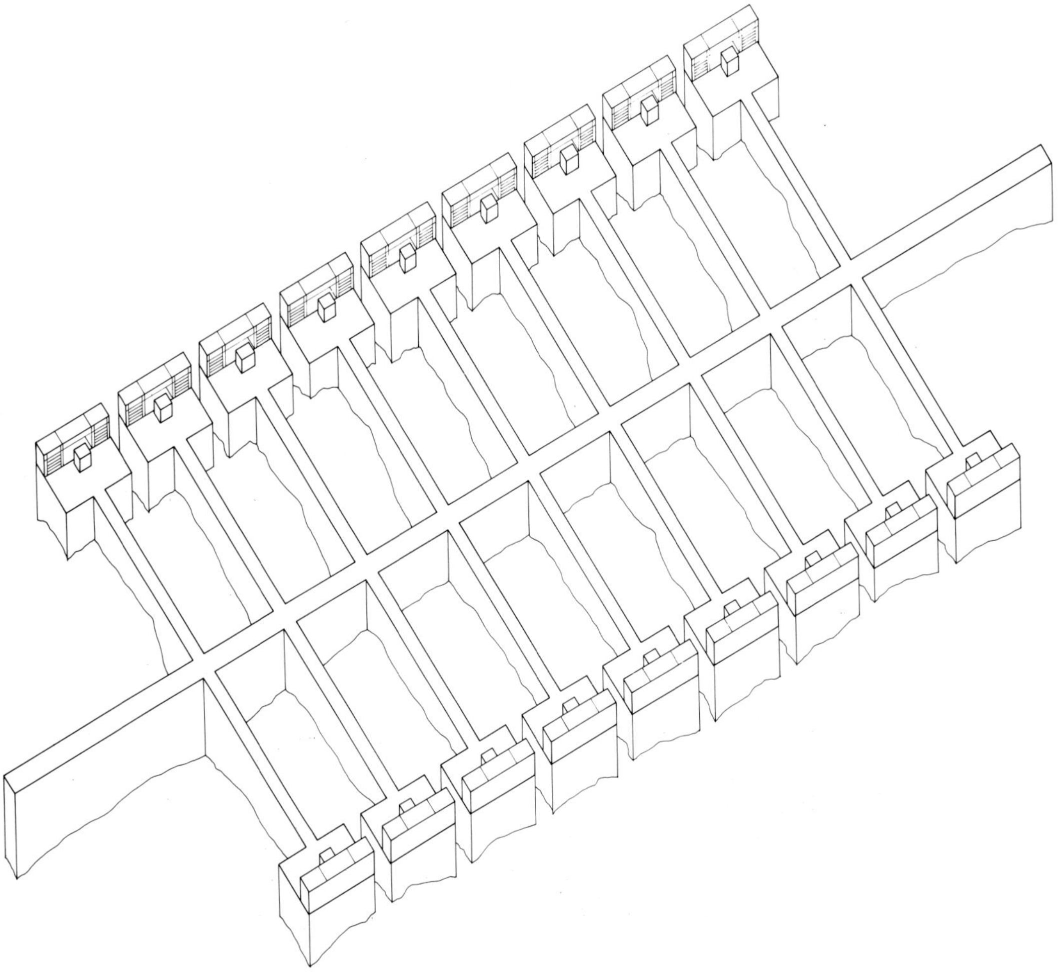

Die täglichen Wege zu den Arbeitsplätzen.

Everyday paths leading to places of employment.

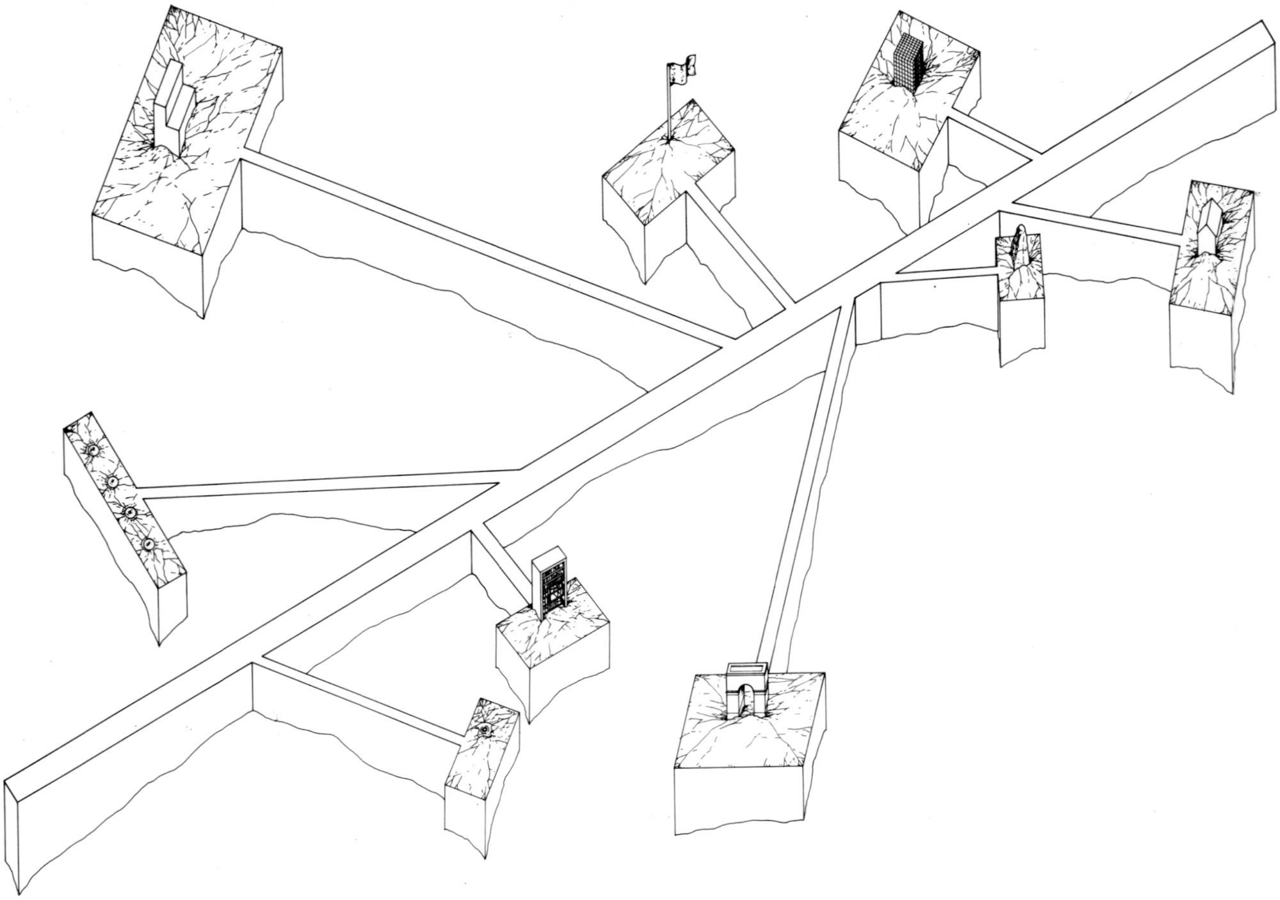

»Erinnert etwa die Stadt als versteinerte Spur ans unauffindbare Leben heftet sich der Fortsatz wird durch was denn nun erklärbar in dieser Blindheit von Leben selber erkennt sich und entzieht sich nicht Verkehrsproblemen zum Beispiel am Sonntag mit der Sucht nach Wasser und Grün beginnt der Straßenkampf ist aber nur eine Randerscheinung wie all das was an den Rändern übrigbleibt als Ereignis ohne die Erkennbarkeit der Ursachen läßt man also auf sich beruhen läßt man was die Gleichgültigkeit breitet sich aus.« (Jürgen Becker ›Ränder‹).

›The city for instance a petrified footpath reminiscent of life never to be recovered the continuum clinging to what supposedly is explicable in this blindness of life sees itself for what it is fails to escape traffic problems for example on Sunday mornings with the quest for water and vegetation the street battle begins a mere byproduct however like everything else stuck on the periphery without recognizing the causes we leave it to its own devices leave anything apathy is spreading.‹ (Jürgen Becker »Ränder«)

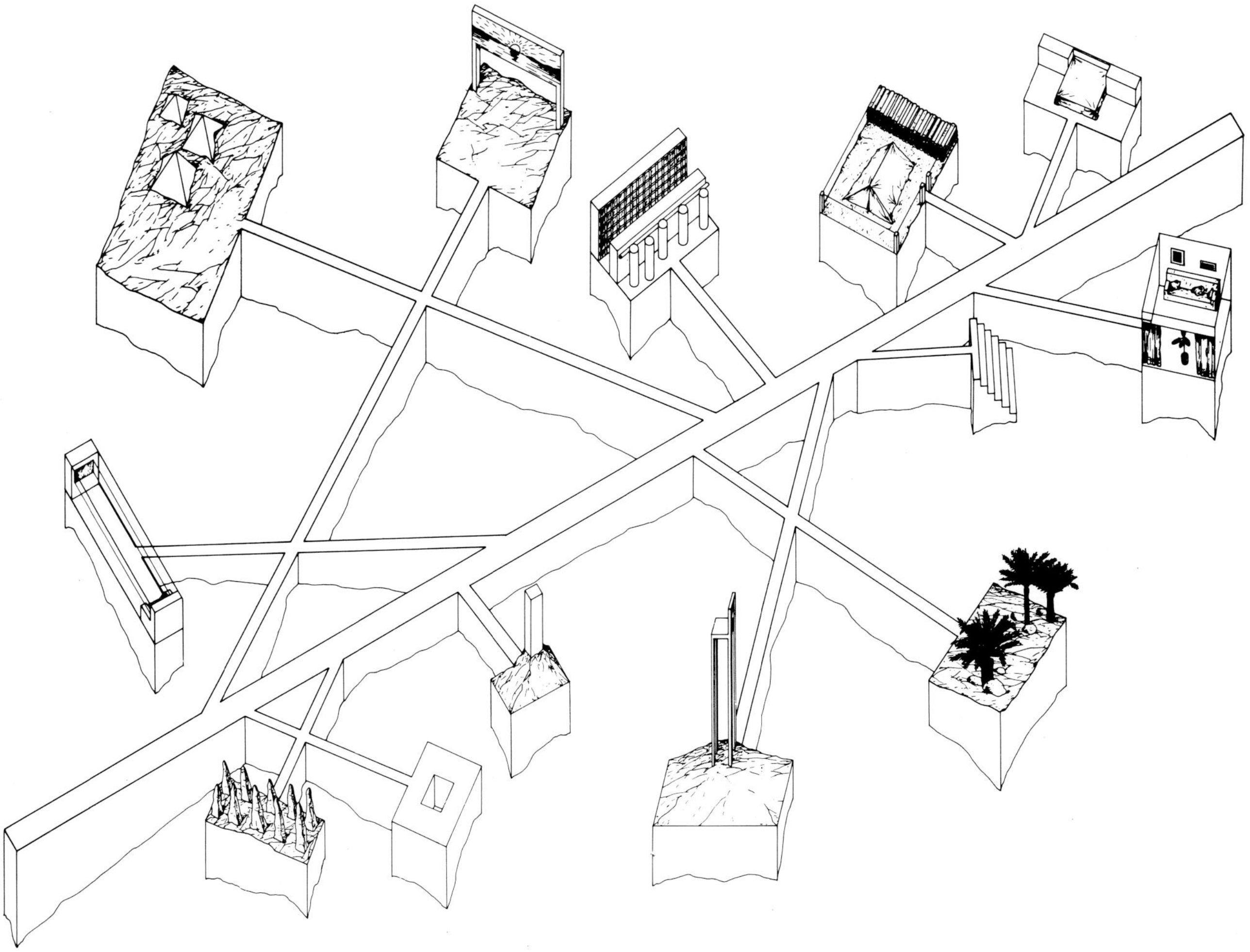

Wegsystem als Bezugssystem mit Dingen und Wünschen. Man stelle sich die täglichen Wege des Einzelnen kartografiert vor und überlagere sie dann mit den Wegen der Bewohner eines Hauses, einer Straße, einer ganzen Stadt. Als Karte: alle Wege, die jemals von Menschen zurückgelegt worden sind.

System of paths as a reference system with objects and desires. Imagine the everyday paths of the individual as a map. Now super-impose the paths of the inhabitants of a house, of a street, of an entire city. A map showing all the paths that human beings have ever traversed.

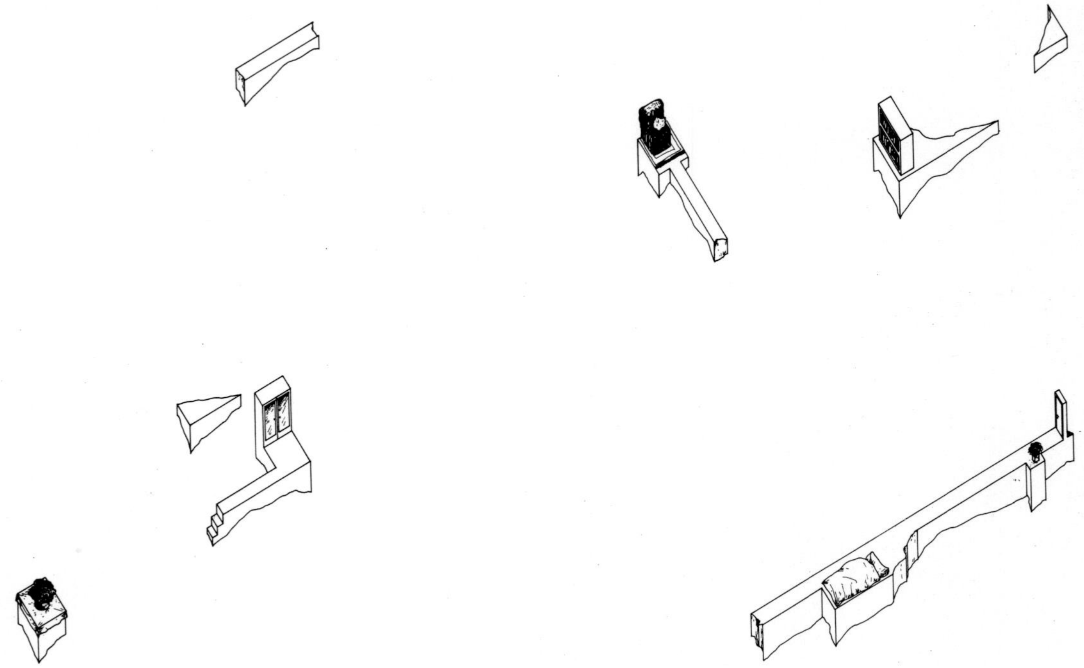

Die täglichen Dinge schweben weg- und bezugslos im Raum. Objects of daily life hovering in space, pathless, disjunct.

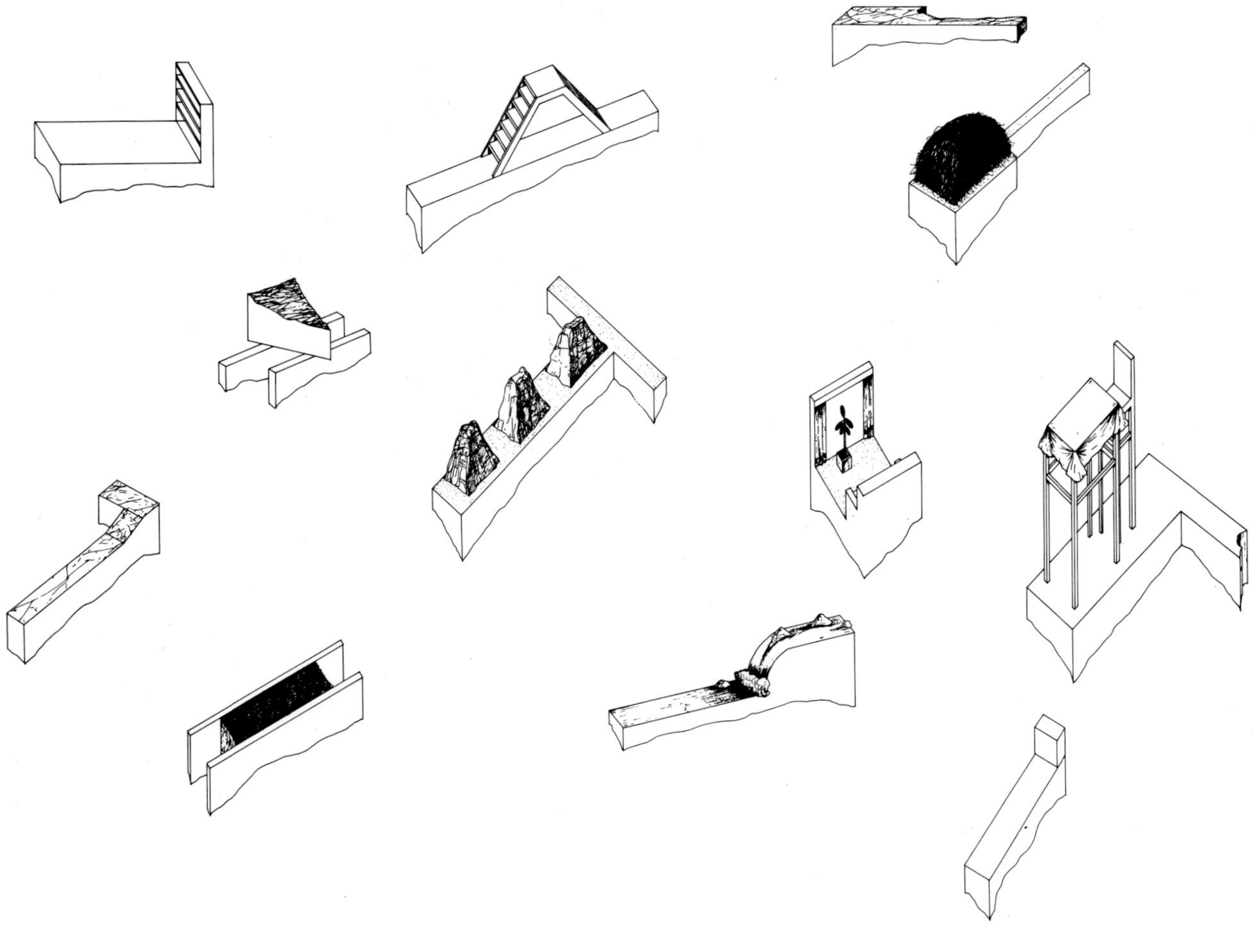

Tägliche und nicht alltägliche Realitätsfragmente mit Wegansätzen.

Fragments of everyday and non-everyday reality, with incipient paths.

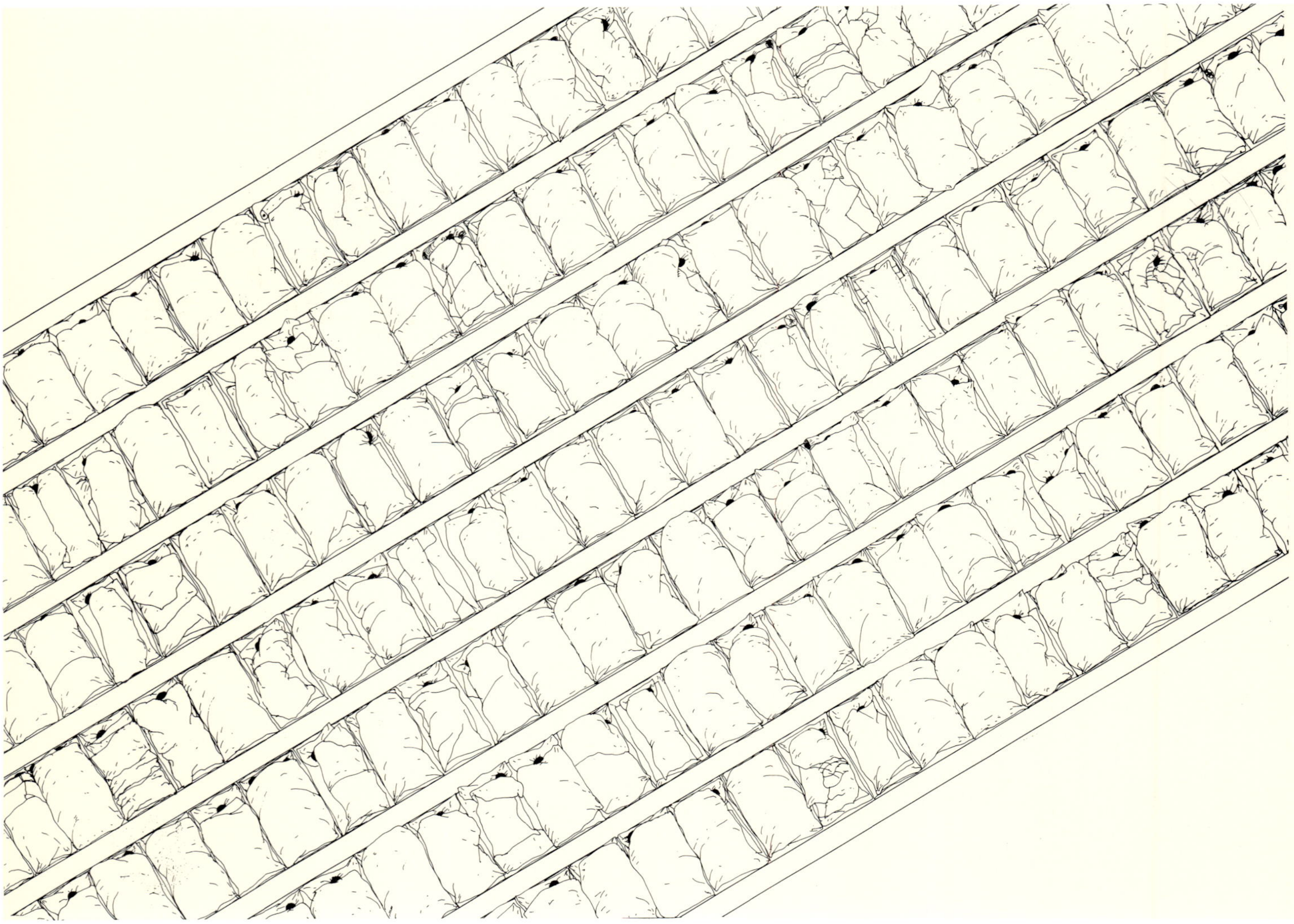

Wege durch eine Bettenlandschaft.
Sich alle Schläfer dieser Stadt an Wegen aufgereiht vorstellen.

Paths leading through a bedscape.
Imagine the entire sleeping population of a city arranged on paths.

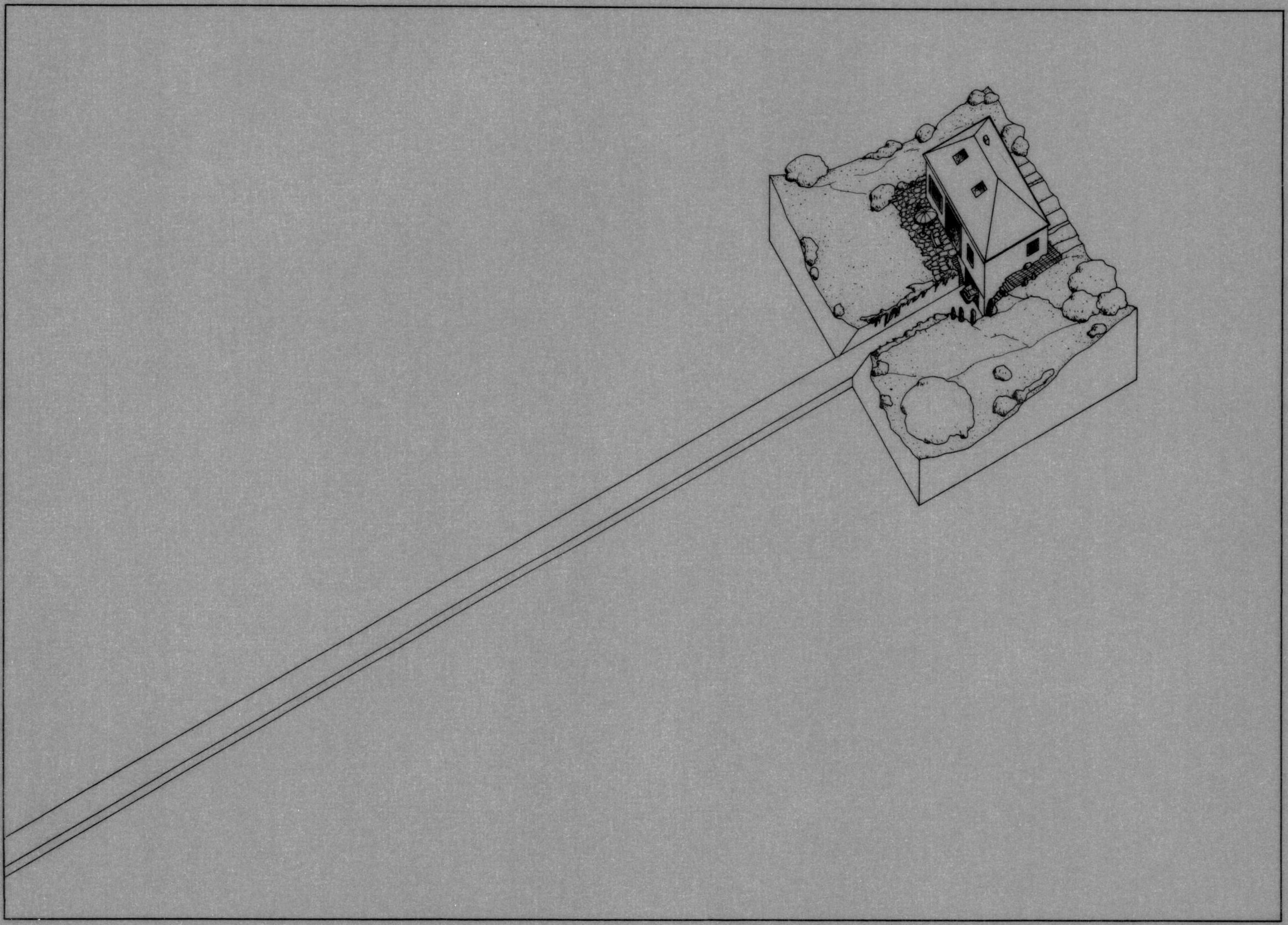

Wege zum Einfamilienhaus.

Paths leading to a suburban home.

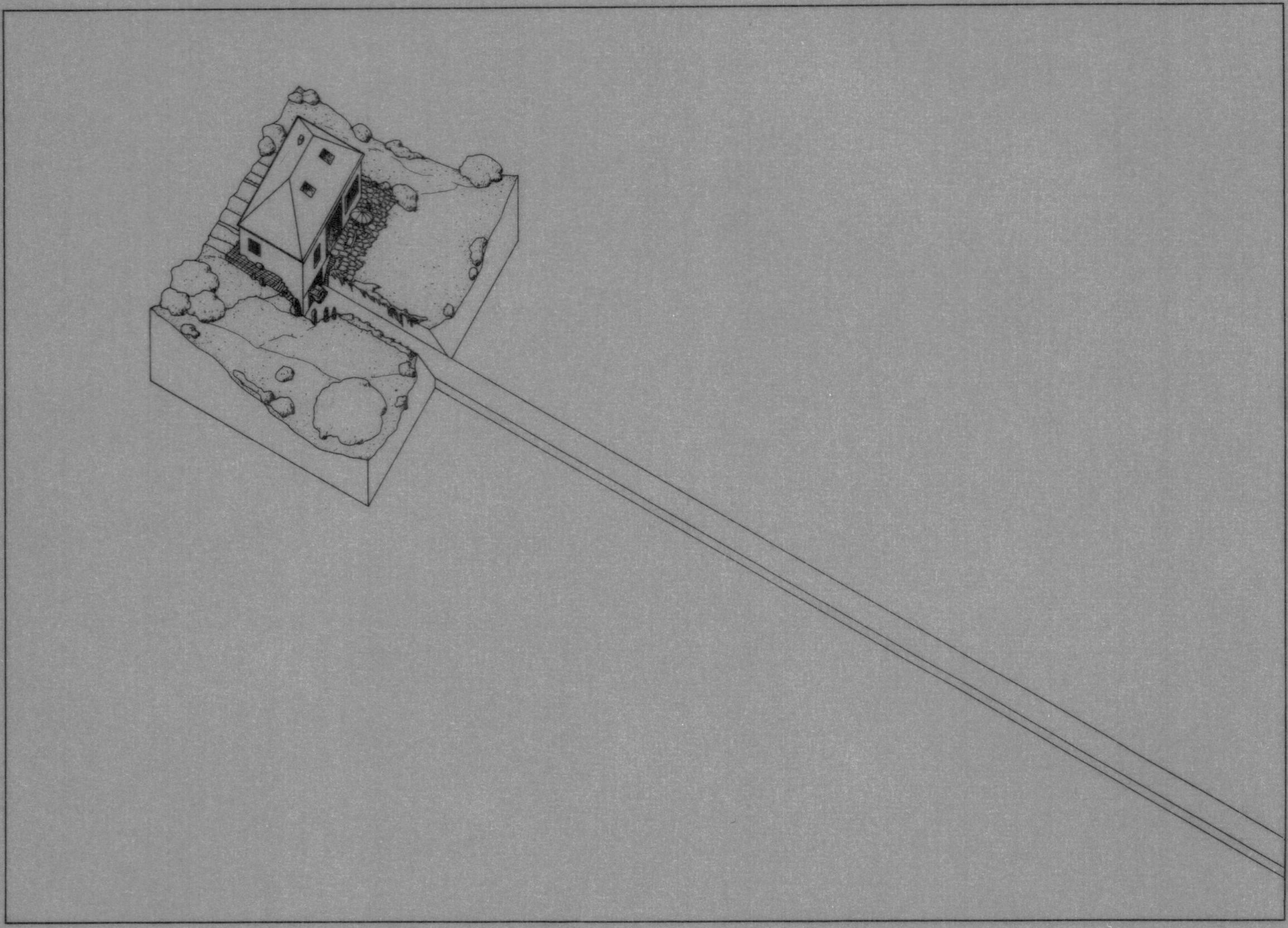

Wege zum Einfamilienhaus.

Paths leading to a suburban home.

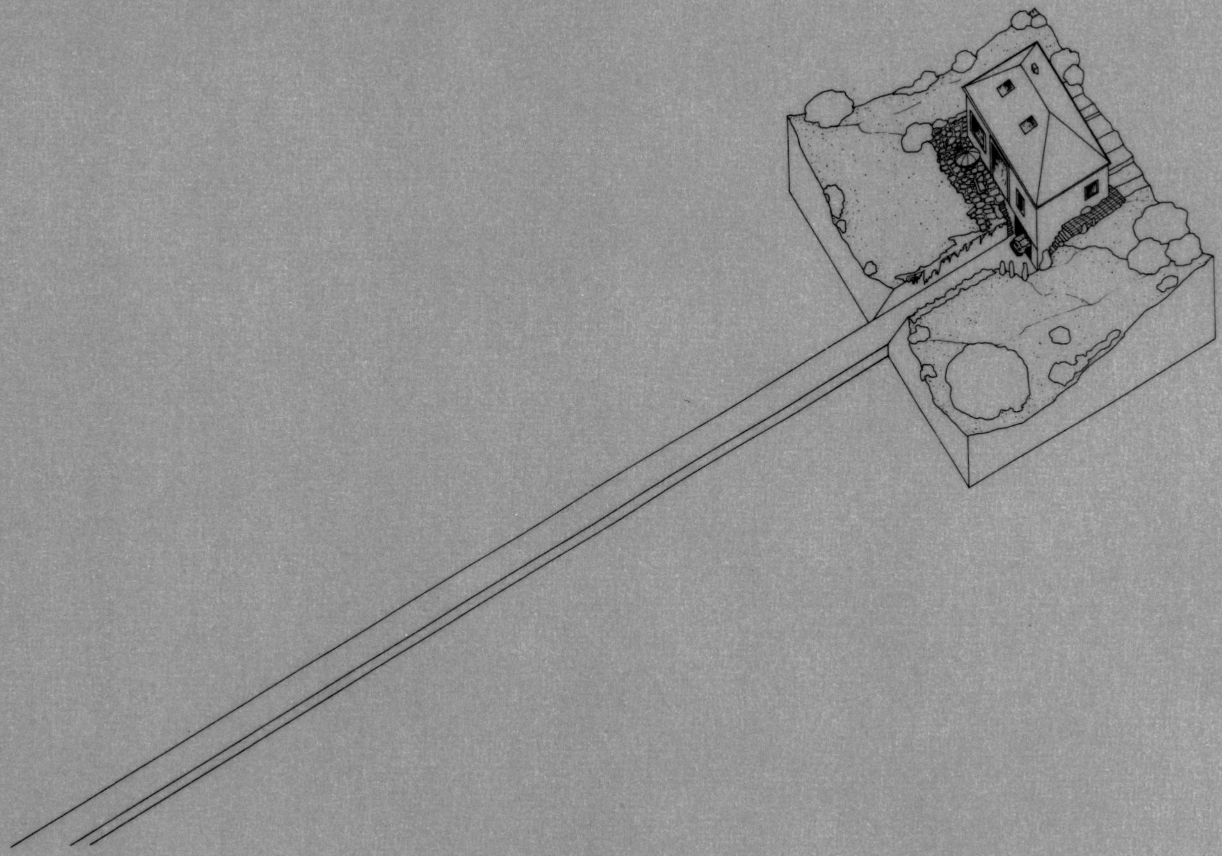

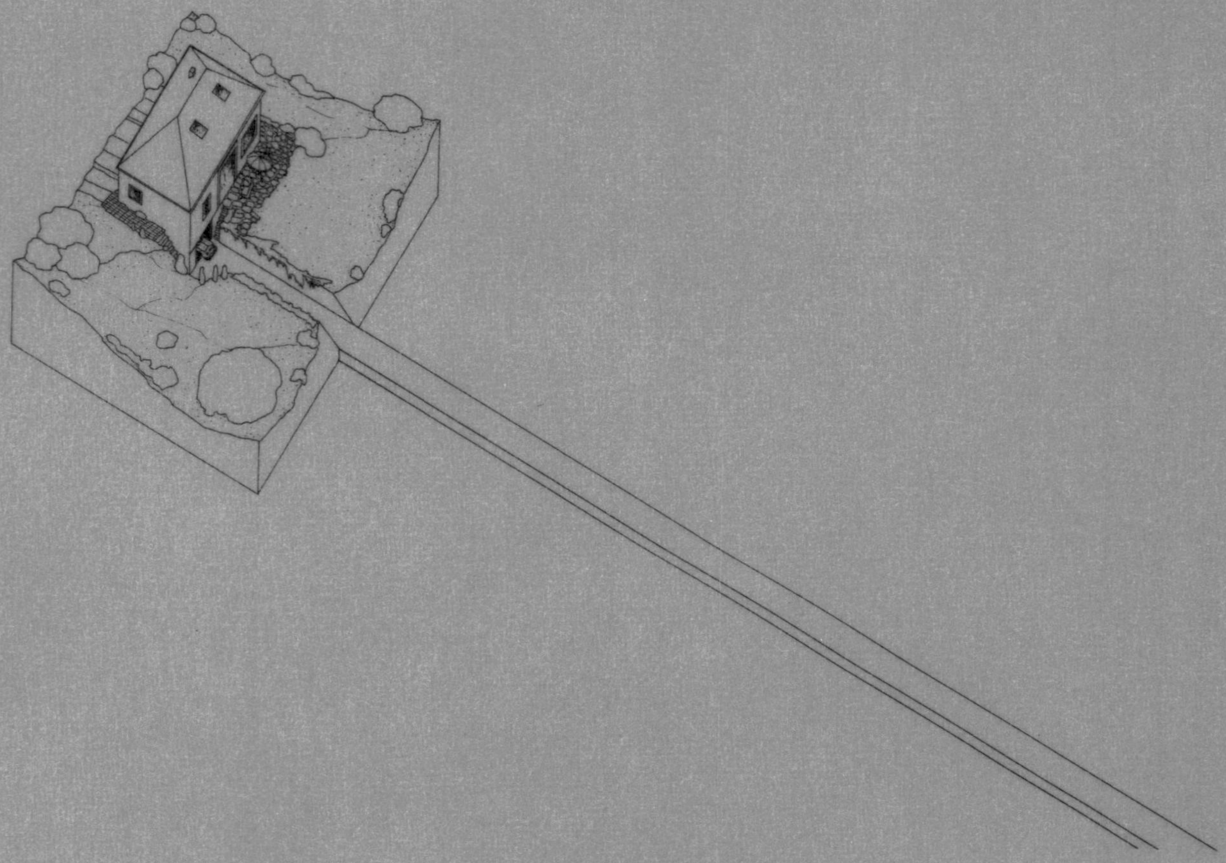

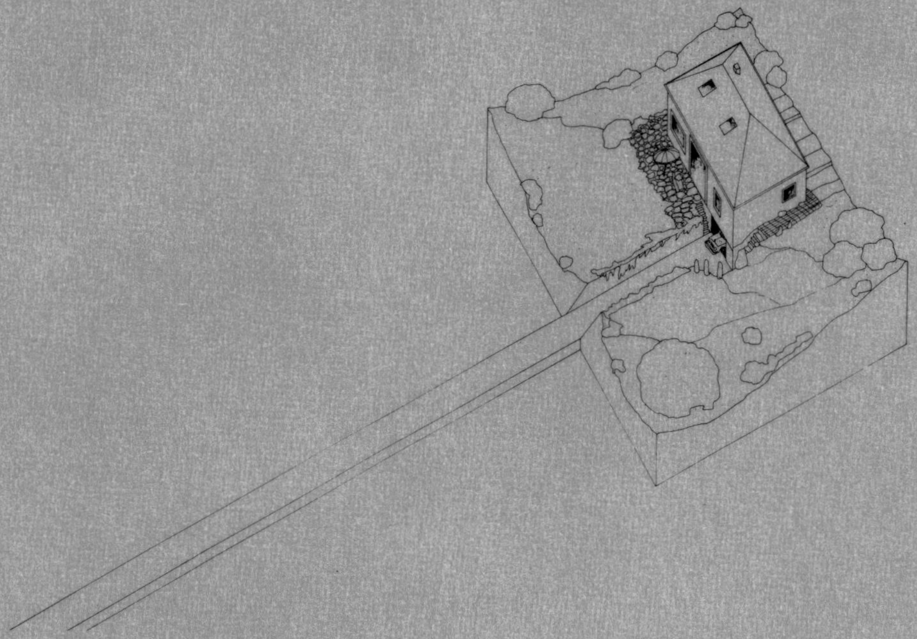

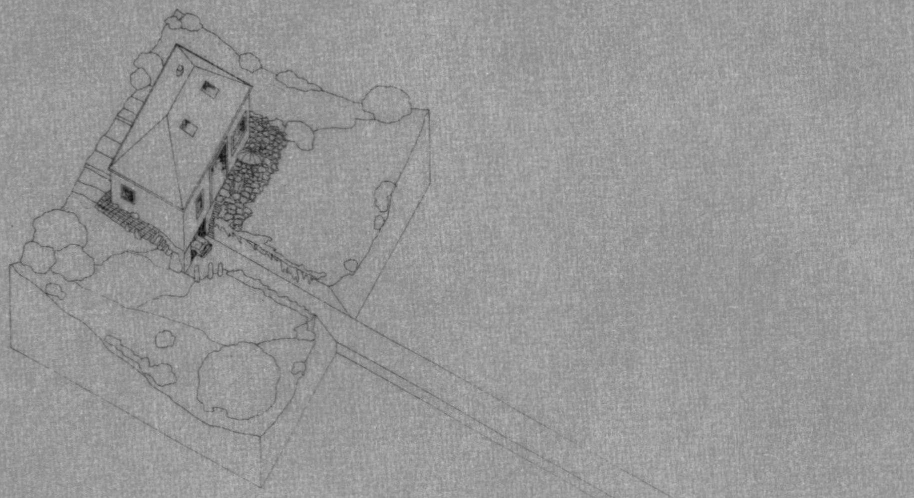

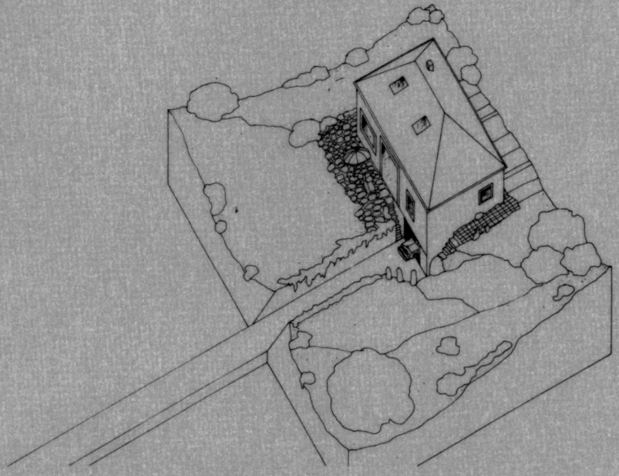

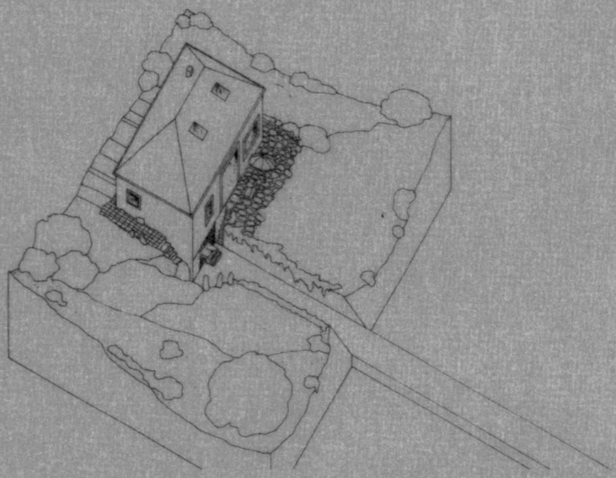

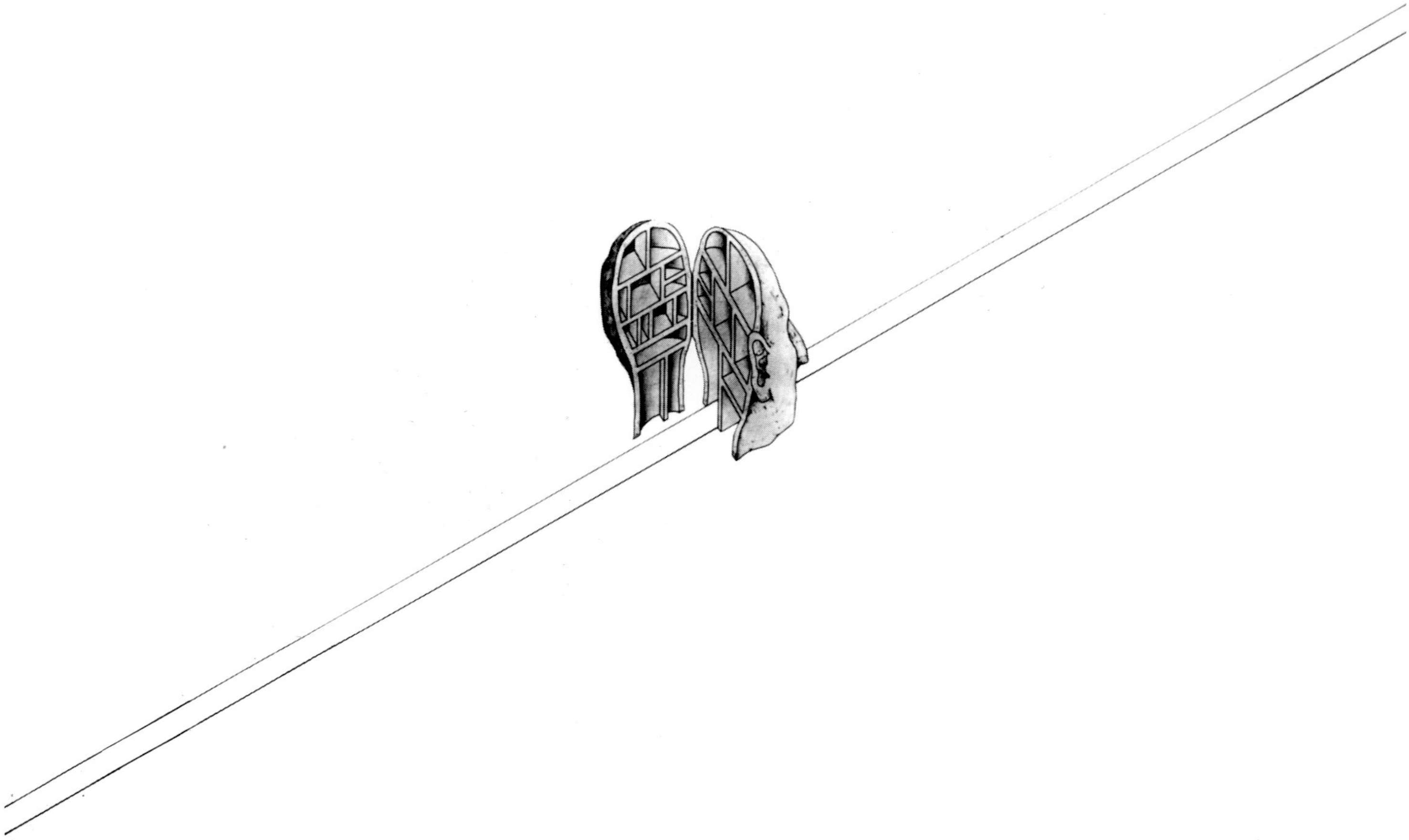

»Unser Unbewußtes ist wie unser Körper ein Lagerhaus von Relikten und Erinnerungen aus der Vergangenheit.« (C. G. Jung ›Die Tavistock Lectures 1935‹)

›Like our body, our unconscious is a warehouse of relics and recollections from the past.‹ (C. G. Jung »Die Tavistock Lectures 1935«)

»Ich habe das merkwürdige Haus später nie wieder gesehen, das, als mein Großvater starb, in fremde Hände kam. So wie ich es in meiner kindlich gearbeiteten Erinnerung wiederfinde, ist es kein Gebäude; es ist ganz aufgeteilt in mir; da ein Raum, dort ein Raum und hier ein Stück Gang, das diese beiden Räume nicht verbindet, sondern für sich, als Fragment, aufbewahrt ist. In dieser Weise ist alles in mir verstreut, – die Zimmer, die Treppen, die mit so großer Umständlichkeit sich niederließen, und andere enge, rundgebaute Stiegen, in deren Dunkel man ging wie das Blut in den Adern; die Turmzimmer, die hochaufgehängten Balkone, die unerwarteten Altane, auf die man von einer kleinen Tür hinausgedrängt wurde: – alles das ist noch in mir und wird nie aufhören, in mir zu sein. Es ist, als wäre das Bild dieses Hauses aus unendlicher Höhe in mich hineingestürzt und auf meinem Grunde zerschlagen.« (aus R. M. Rilke ›Malte Laurids Brigge‹).

›After my grandfather's death the house passed into other hands, and I never saw it again. As I recall it through the workings of my childish memory it is not a building at all, but is divided up within me: here a room, there a room, and here a passage, not connecting the two but preserved as a fragment in its own right. In this way everything has been scattered within me – the rooms, the staircases installed with such care and effort, and other narrow, rounded ascents through whose darknesses one passed like blood through the veins; the tower chambers, the cantilevered balconies, the unexpected terraces opening out from small, constricting doors – all of this is still within me, will always be within me. It is as though the image of this house plummeted into me from an infinite height, shattering on the ground of my soul‹ (R. M. Rilke »Malte Laurids Brigge«).

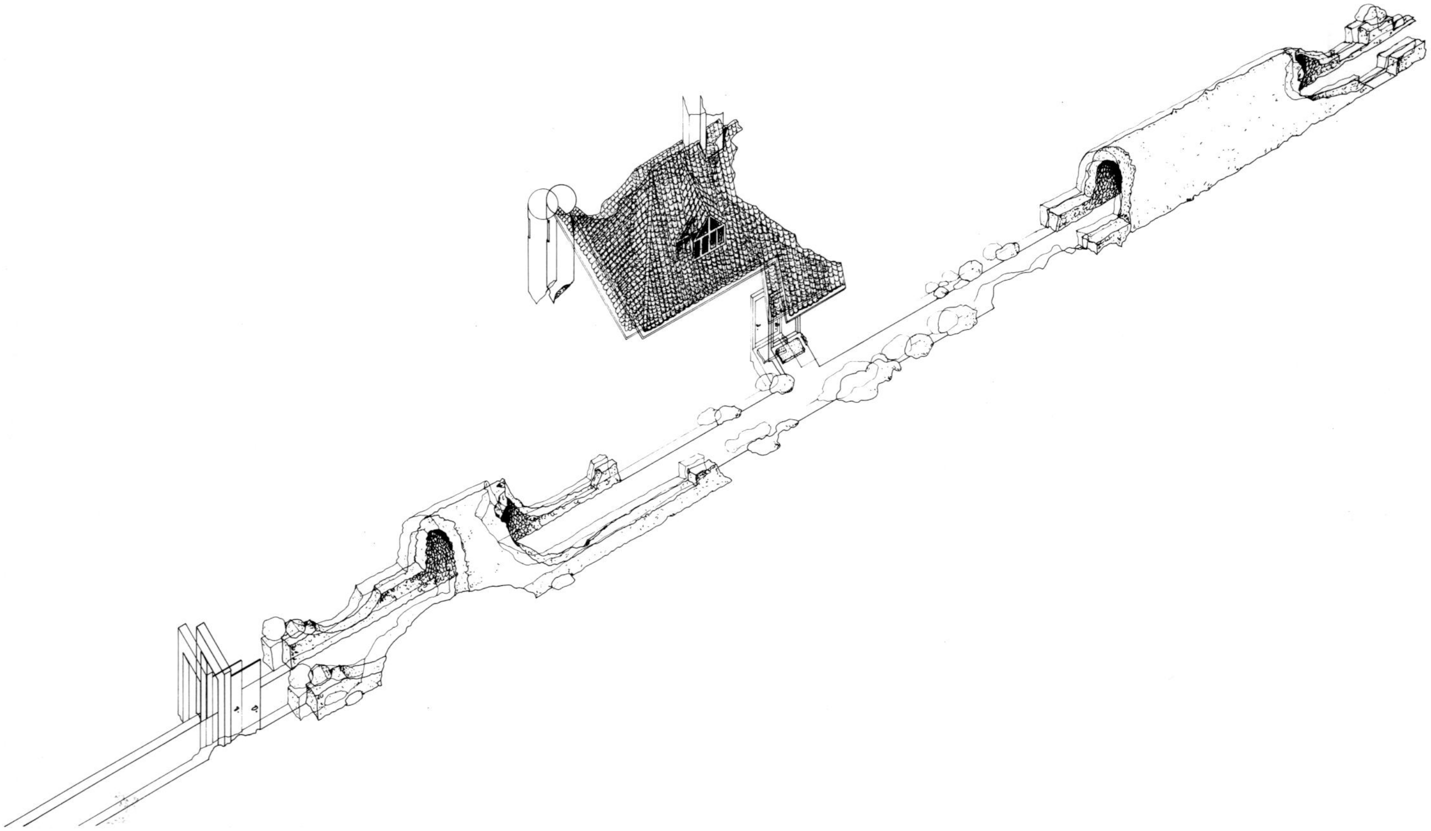

Durch die Unschärfe der Erinnerung gehen.

A walk through the blurred focus of memory.

Erinnerungsfragmente schweben weglos durch die Vorstellung.

Fragments of memory hovering pathless in the imagination.

Erinnerungsfragmente schweben weglos durch die Vorstellung.

Fragments of memory hovering pathless in the imagination.

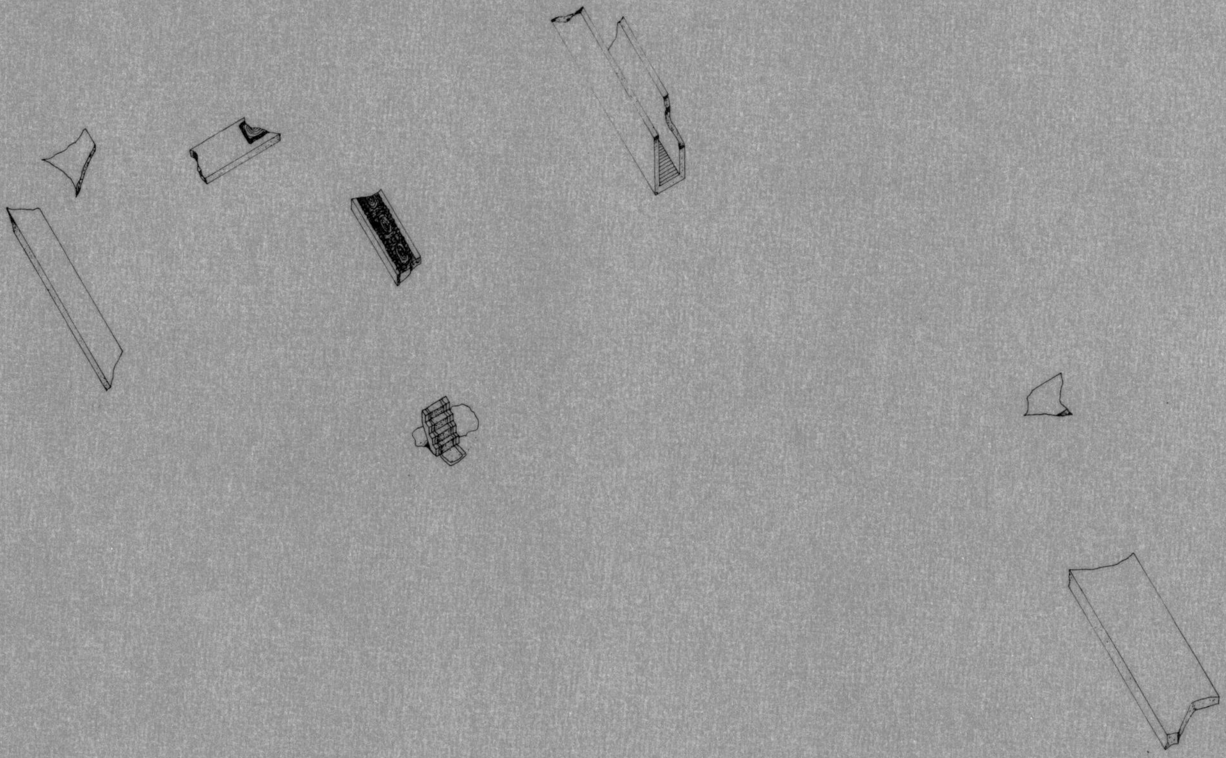

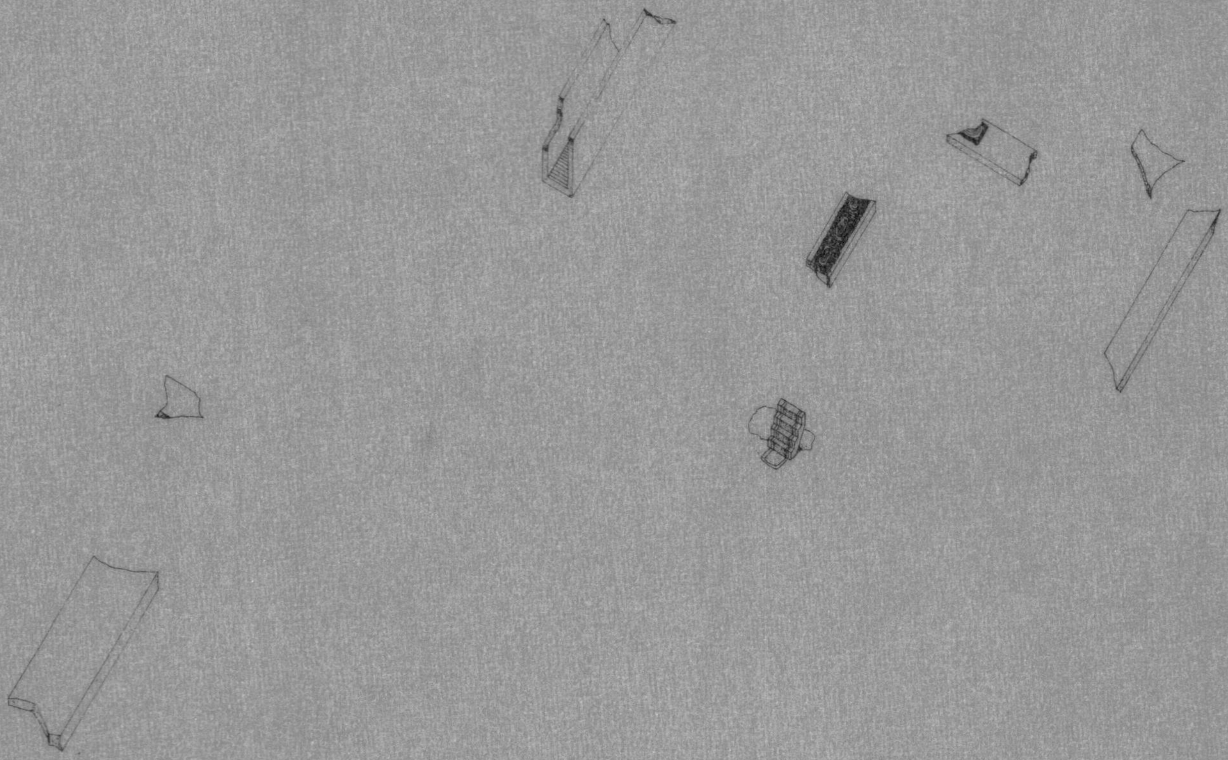

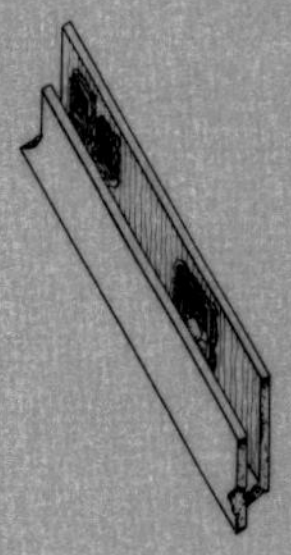

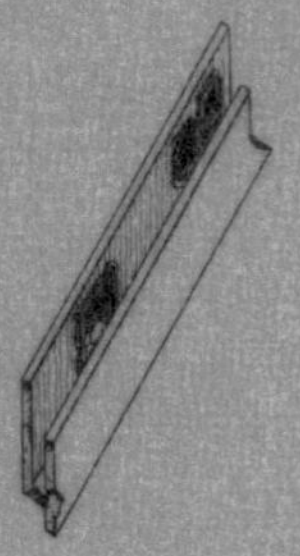

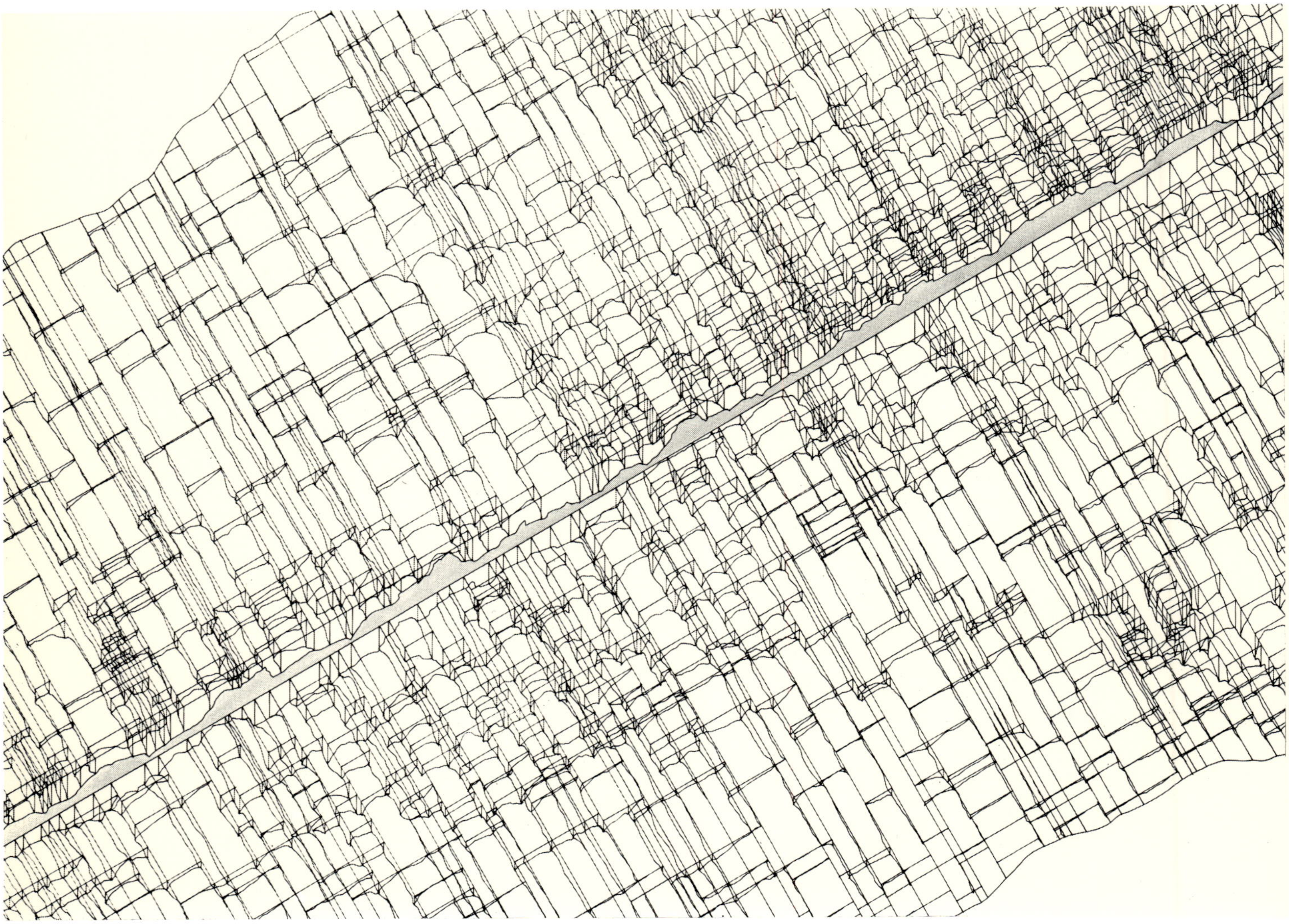

Weg durch eine Erinnerungslandschaft.

Path through a memoryscape.

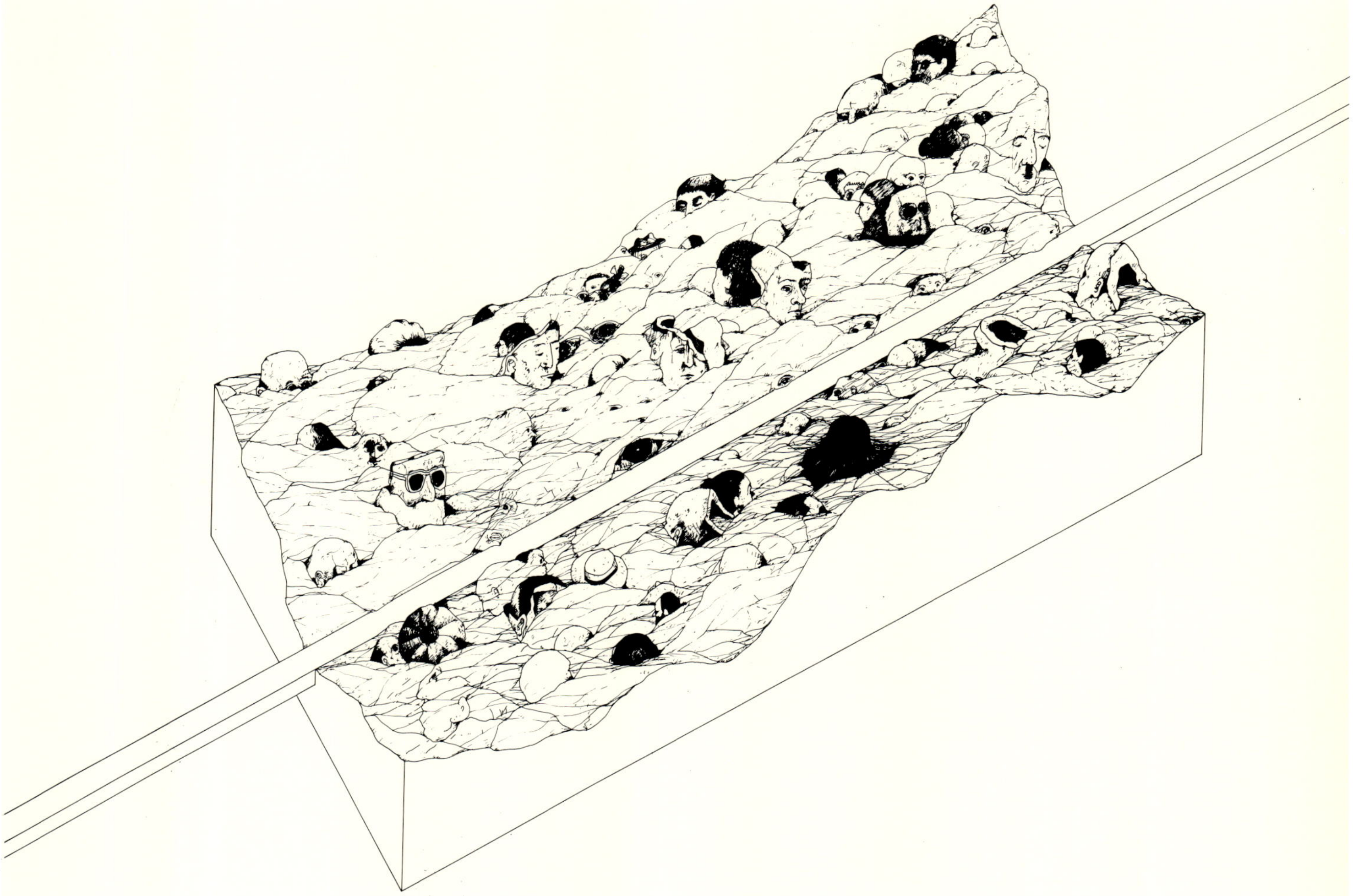

Weg durch einen Traum.

Path leading through a dream.

Aus der Erinnerung herausgearbeitet, weglos.

Hewn from memory, pathless.

Vergangenheit und Zukunft:
Wege und Straßen, raum-zeitlich überlagert.

Past and future:
Paths and roads, superimposed in space-time.

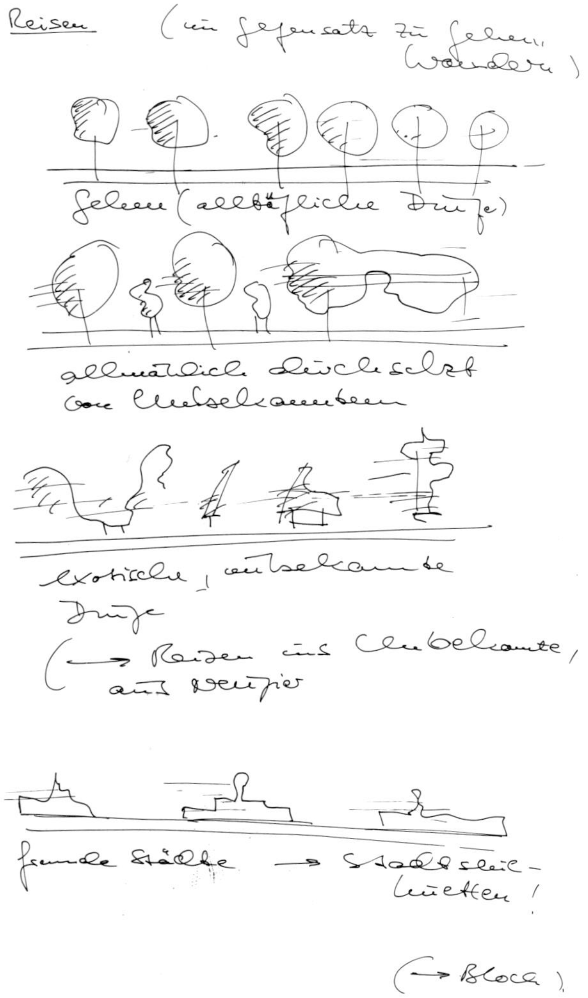

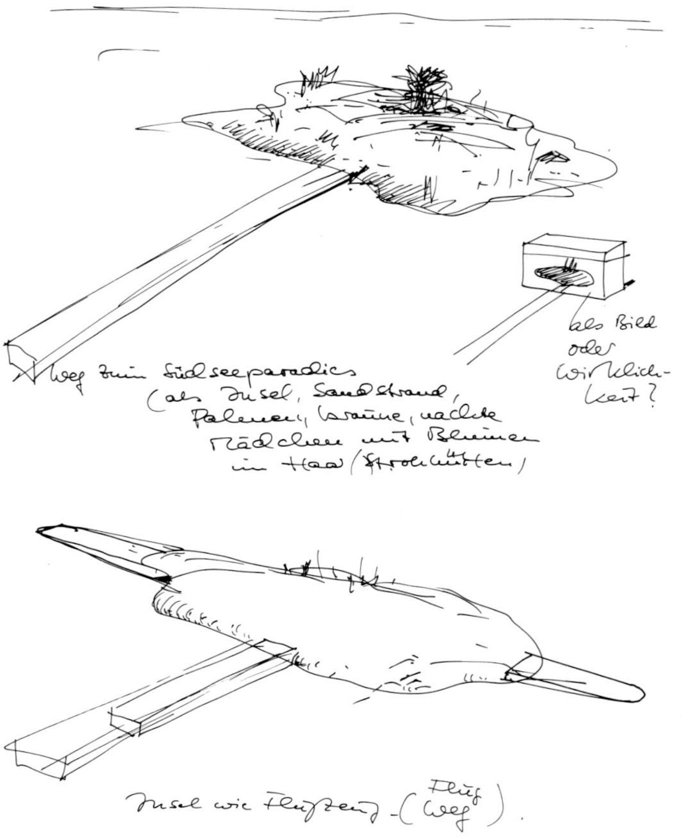

»Und die erfrischende Verfremdung wird unterstützt durch ein anderes Paradox der Reise, durch eines, das nun nicht nur dem bürgerlichen Enthusiasten widerfährt, das vielmehr mit dem sich scheinbar aufblätternden Nebeneinander des Raums auch sachlich zusammenhängt. Daraus entsteht eine Art subjektiver Verzeitlichung von Raum, subjektiver Verräumlichung von Zeit, dann besonders, wenn die Schauplätze rasch einander folgen. Die Reisezeit wird so gefüllt wie sonst nur der Raum, und der Raum wird das Medium der Veränderungen, wie sonst nur die Zeit. Es entsteht also eine Umkehrung der gewohnten Wahrnehmungsordnungen, es entsteht gefüllte Zeit im bewegt, verändert erscheinenden Raum. Die alten Abenteuergeschichten rollten den Raum gänzlich in dieser Weise auf, störten seine mythische Starre, jede Reise lebt noch, selber mutatis mutandis, vom Paradox dieses Wandeltraums.« (Ernst Bloch)

›What is more, this refreshing alienation is intensified by yet another paradox characteristic of journeys, a paradox that not only befalls the bourgeois enthusiast but is also, indeed primarily, connected in a very real way with the apparent unfolding of juxtaposed spaces. The result is a sort of subjective »temporalization« of space and »spatialization« of time, particularly when the scenes follow in rapid succession. The timespan of the journey is filled as otherwise happens only to space, and space becomes the medium of change as otherwise only happens to time. Thus, the exact opposite of our accustomed laws of perception comes into being: time is filled within space which is mobile and ever-changing. Storytellers of yore used to roll up space in just this manner, upsetting its mythical rigidity. Even now, every journey thrives, *mutatis mutandis*, on the paradox inherent in this dream of transmogrification.‹ (Ernst Bloch)

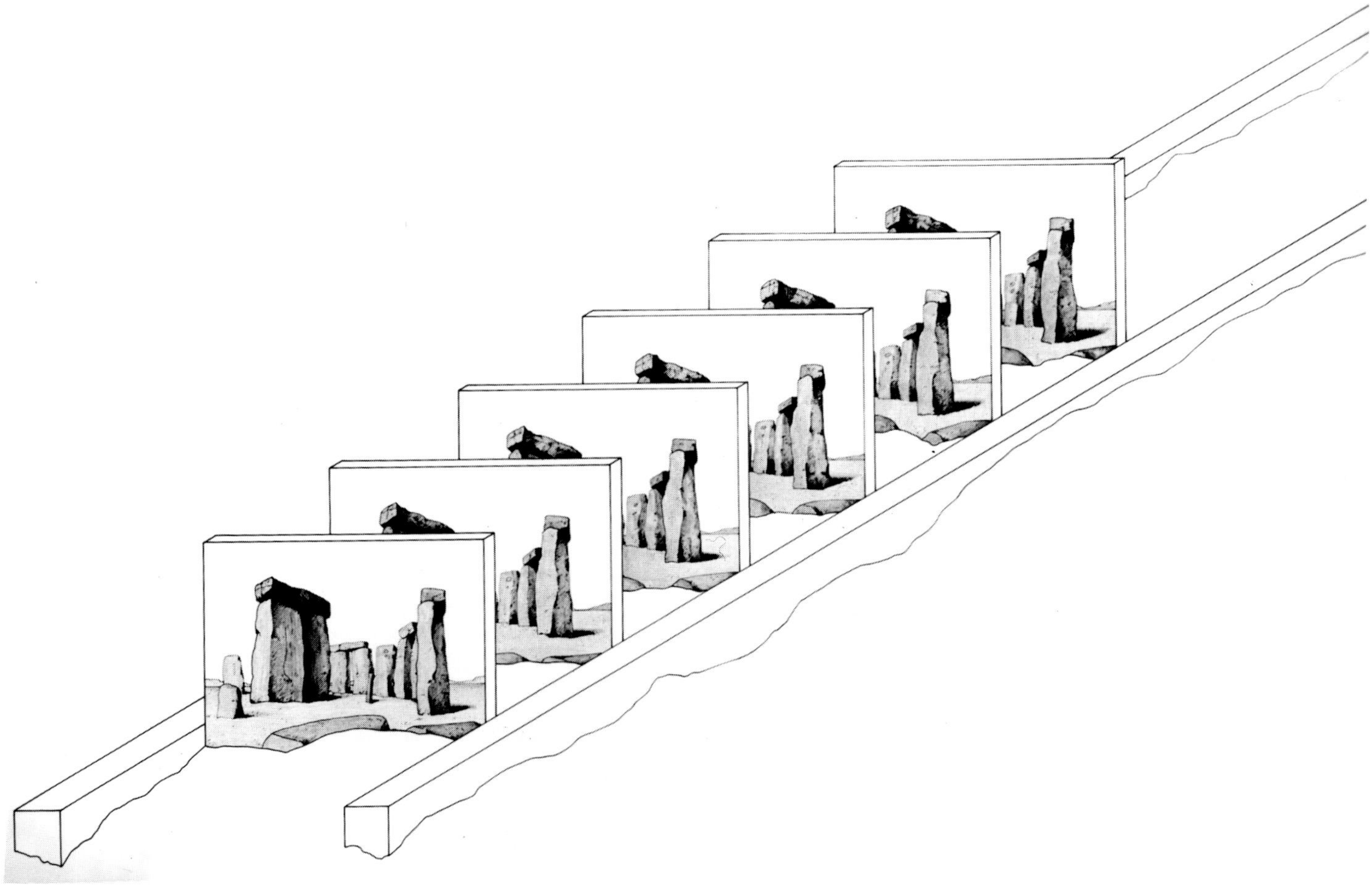

Die Grenze zwischen tatsächlich Erlebtem und nur fiktiv Erlebtem verwischt immer mehr. Das Matterhorn, die Freiheitsstatue und Stonehenge sind für alle Menschen eine Realität, auch für die, die niemals dort waren.

The borderline between what we actually experience and what we merely experience vicariously becomes less and less distinct. The Matterhorn, the Statue of Liberty and Stonehenge are a reality for everybody, even for those of us who have never seen them.

Landschaft ist parzelliert, zu Versatzstücken verarbeitet, die als Bühnenbilder dienen in Lebensläufen, die bestimmt werden von Versicherungen, Fahrplänen und Verkehrsampeln.

Landscape chopped up and turned into state flats, serving as backdrops for lives determined by insurance policies, railway timetables and traffic lights.

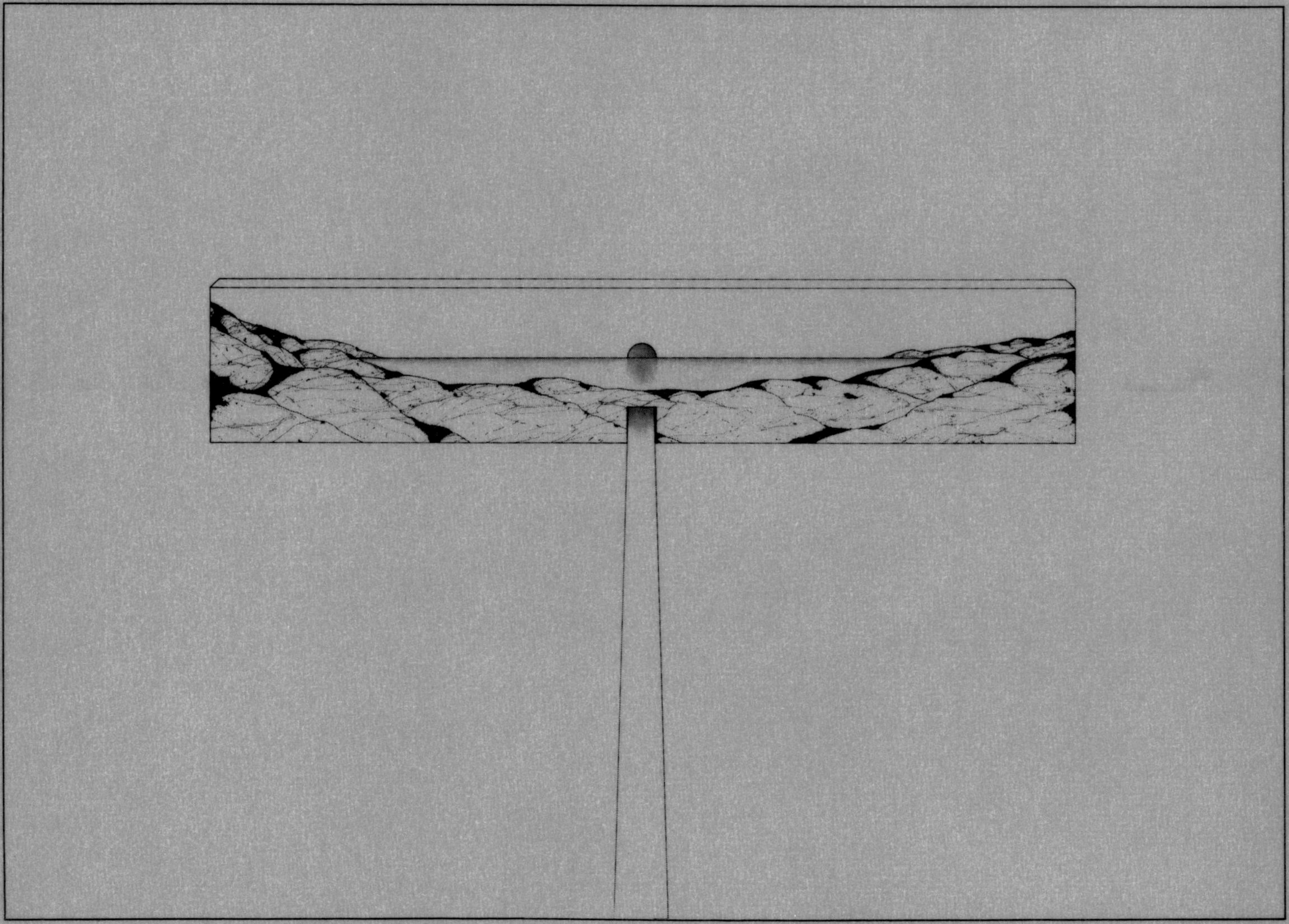

Weg durch Sonnenuntergänge, durch Erinnerungen an Sonnenuntergänge, durch Projektionen von Sonnenuntergängen.

Path leading through sunsets, through memories of sunsets, through superimpositions of sunsets.

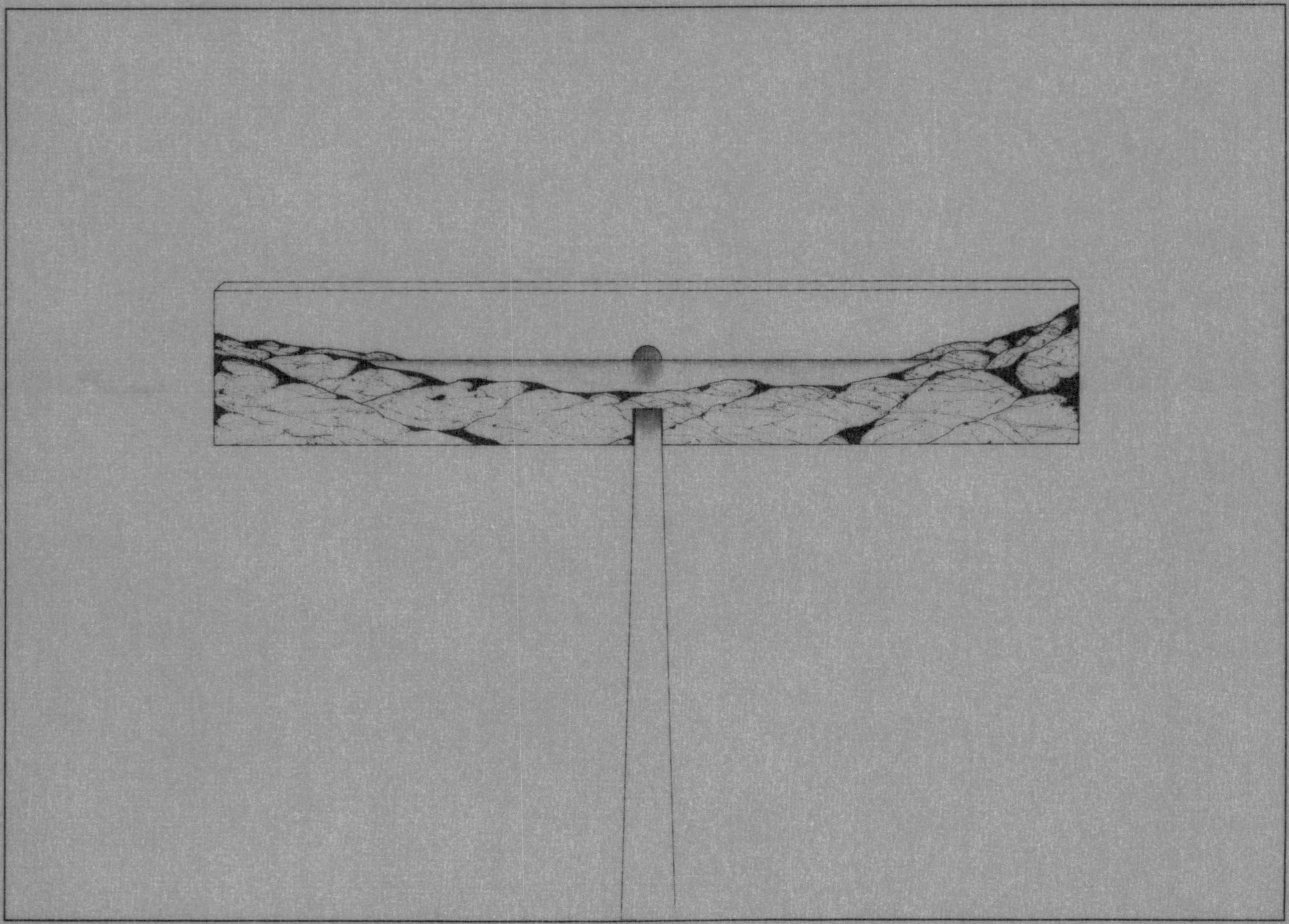

Weg durch Sonnenuntergänge, durch Erinnerungen an Sonnenuntergänge, durch Projektionen von Sonnenuntergängen.

Path leading through sunsets, through memories of sunsets, through superimpositions of sunsets.

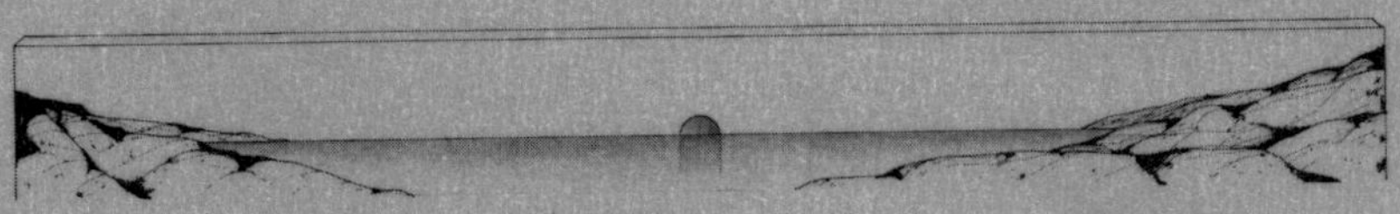

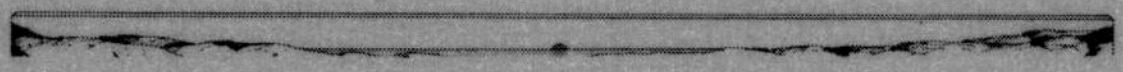

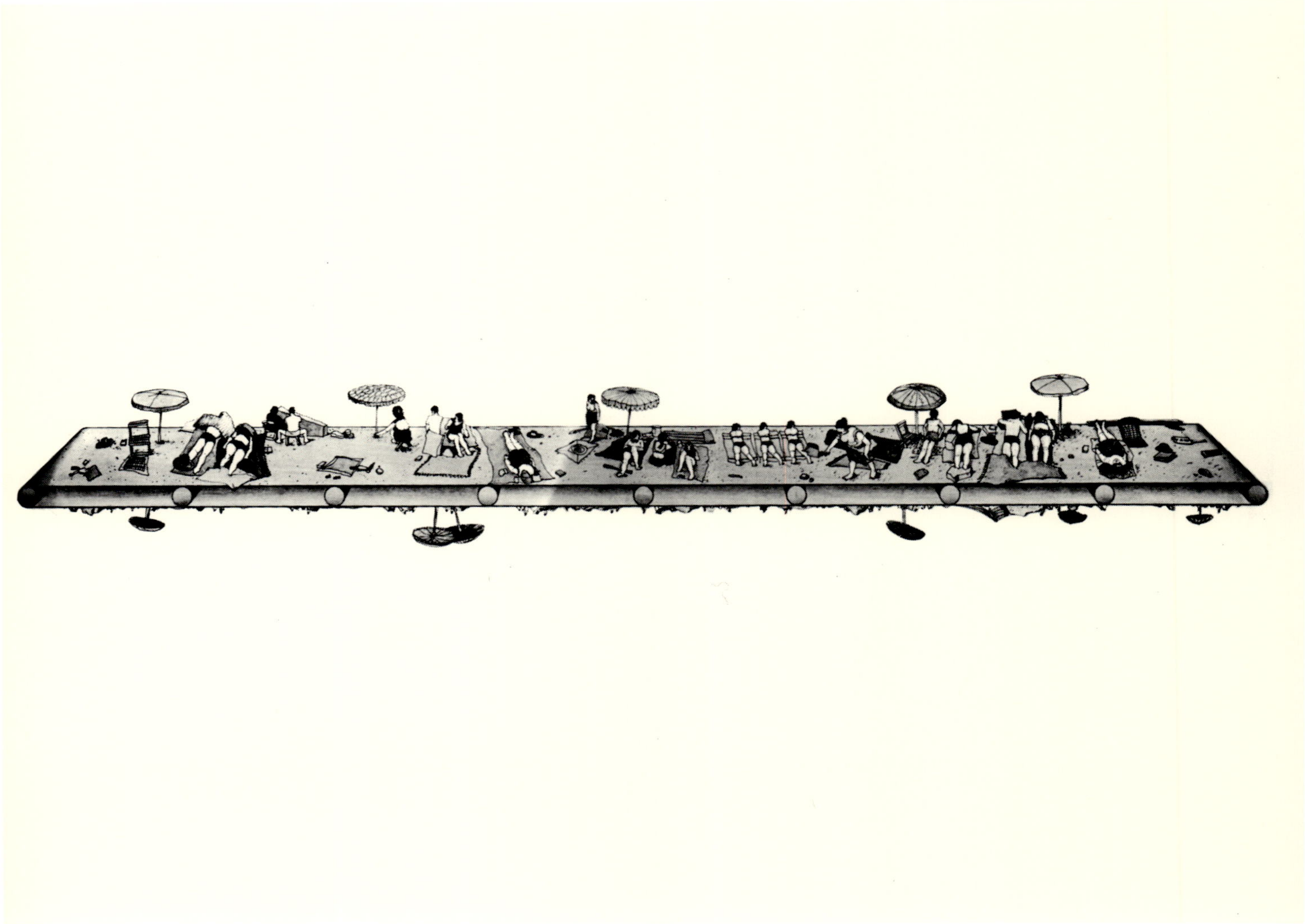

Touristenfließband.

Tourist conveyor belt.

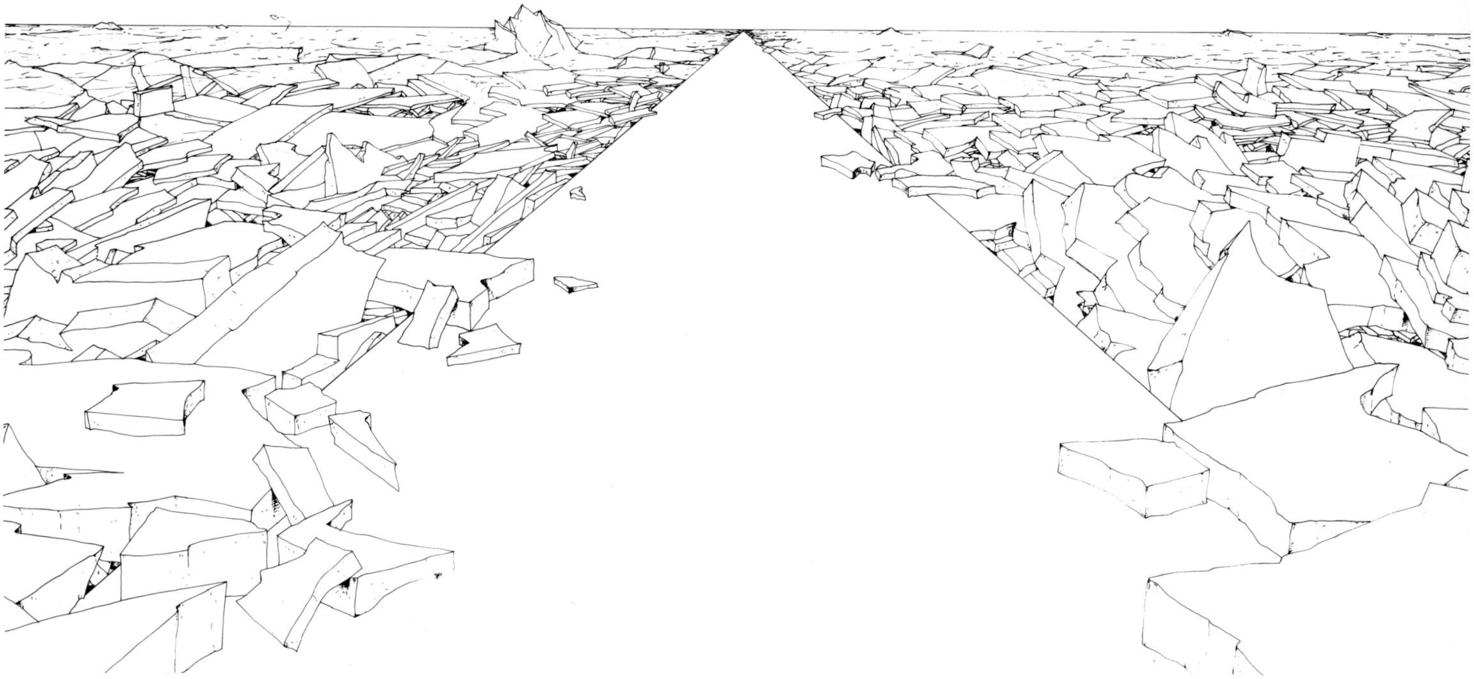

Urlaub-Erlebnisweg durch eine aus dem Museum bekannte Landschaft.

Holiday adventure path, leading through a landscape well-known to museum-goers.

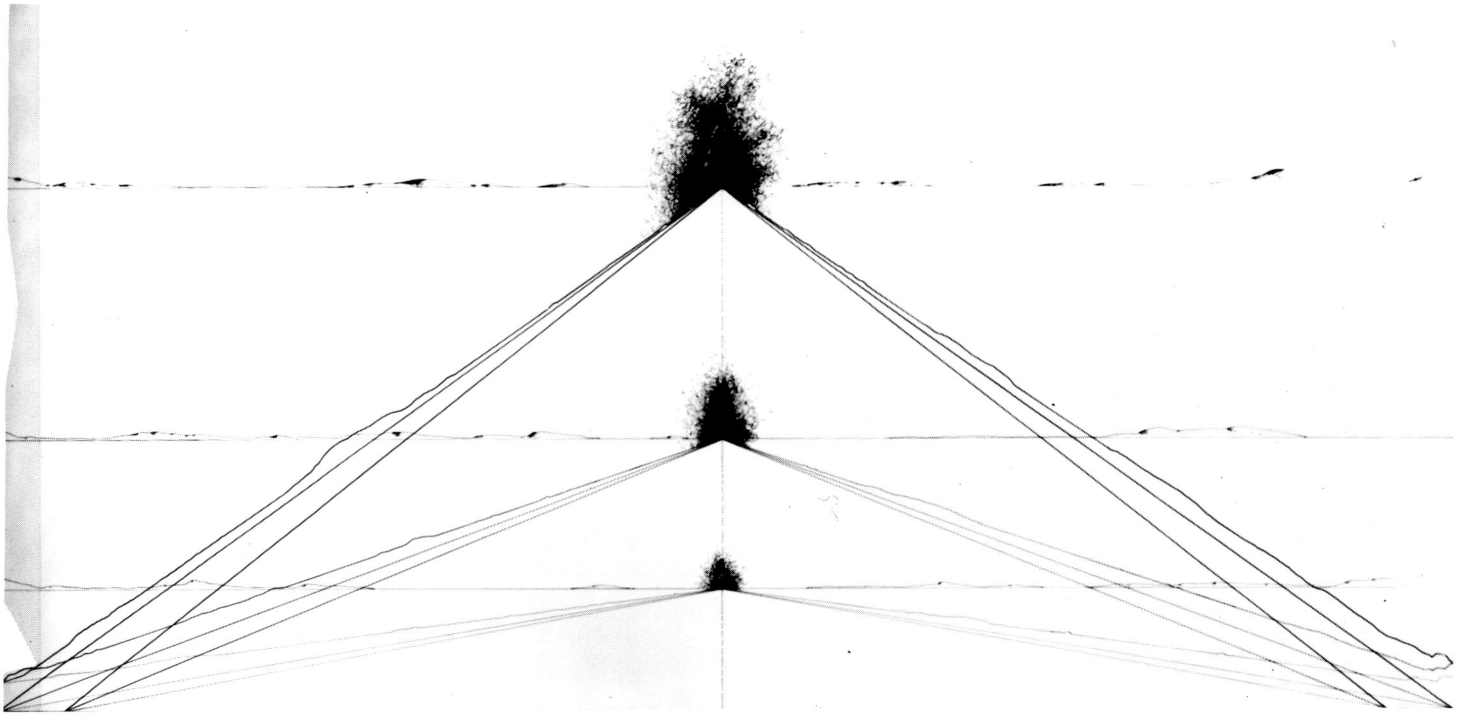

Erotik der Perspektive:
»Der Mensch in diesem Dasein der Straße ist nicht mehr er selber; er wird von der allgemeinen Bewegung mitgenommen und von dem immer unerreichbaren Ziel, dem Schnittpunkt der parallelen Geraden vor sich dauernd angezogen.« (Linschoten)

The eroticism of perspective:
›In the world of the road, man is no longer himself. He is swept along by the general motion, continually drawn forward by his unattainable goal, the point at which parallels intersect.‹ (Linschoten)

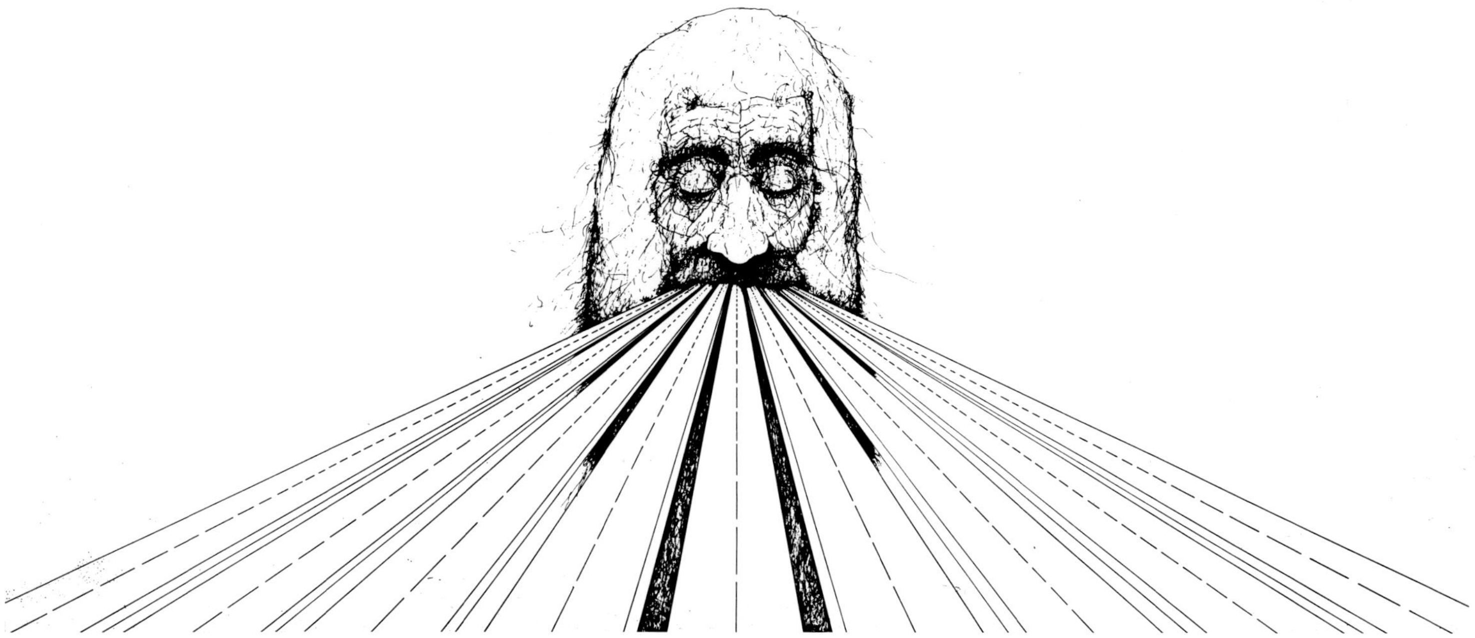

»Ich bin der Weg.«
Unser visuelles Weltbild ist von Anfang an verzerrt durch die Perspektive. Alle Linien fliehen zum Fluchtpunkt. Ist unser Denken genauso strukturiert: zielhaft und immer auf einen Fluchtpunkt gerichtet?

›I am the way . . . ‹
From the very outset, our visual image of the world is distorted by perspective. All lines flee towards the vanishing-point. Is our thought structured in the same manner: single-track, and always heading toward a vanishing-point?

Planungen *Plans*

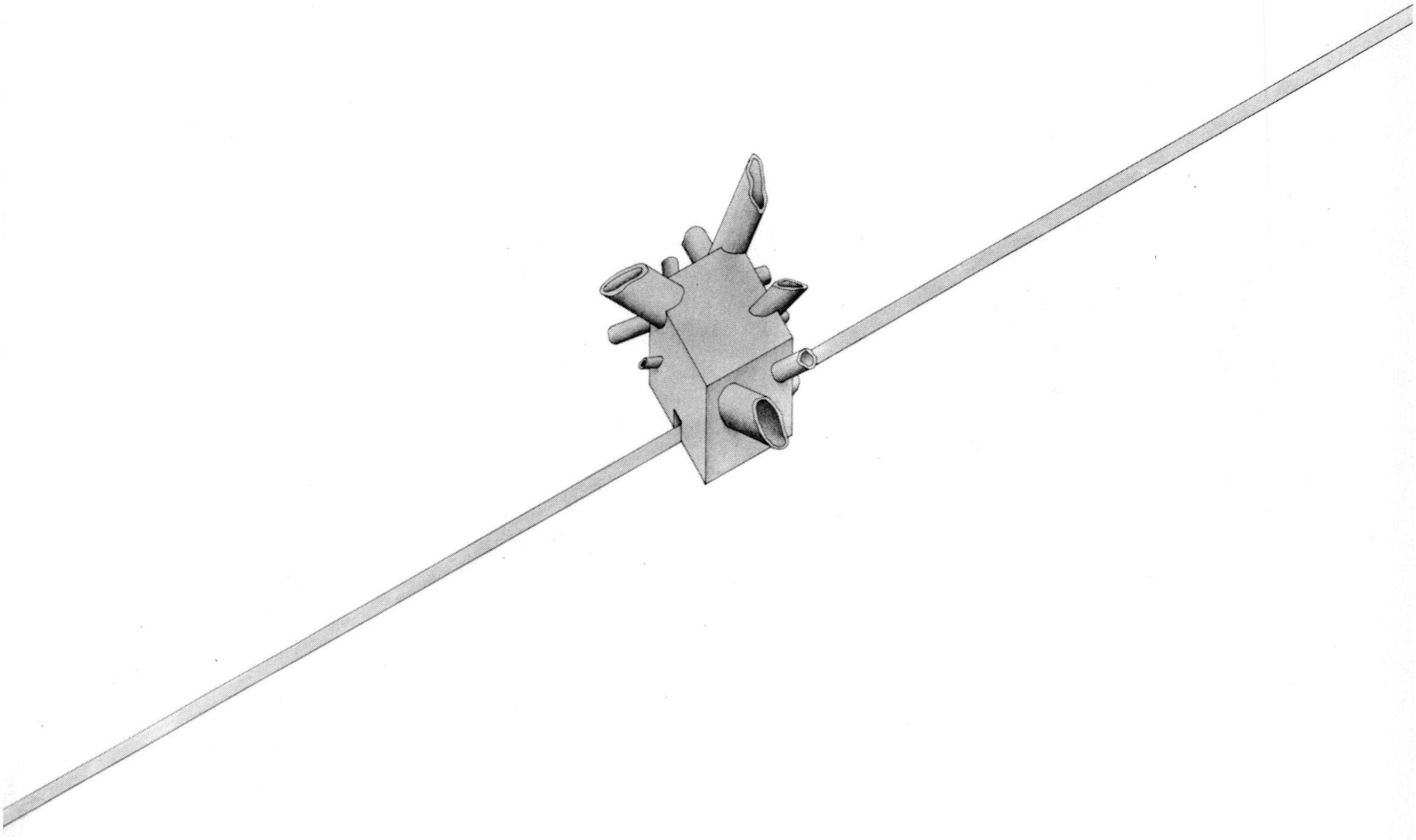

Weg durch einen Herzraum:
Auf der einen Seite das ruhige Verströmen der Zeit und des Lebens, auf der anderen der Rhythmus des Herzschlags, des Atmens, des EEGs und des EKGs.

Path leading through a heart chamber:
On the one hand, the calm flow of time and life; on the other, the rhythm of the heartbeat, of breathing, of EEG and ECG.

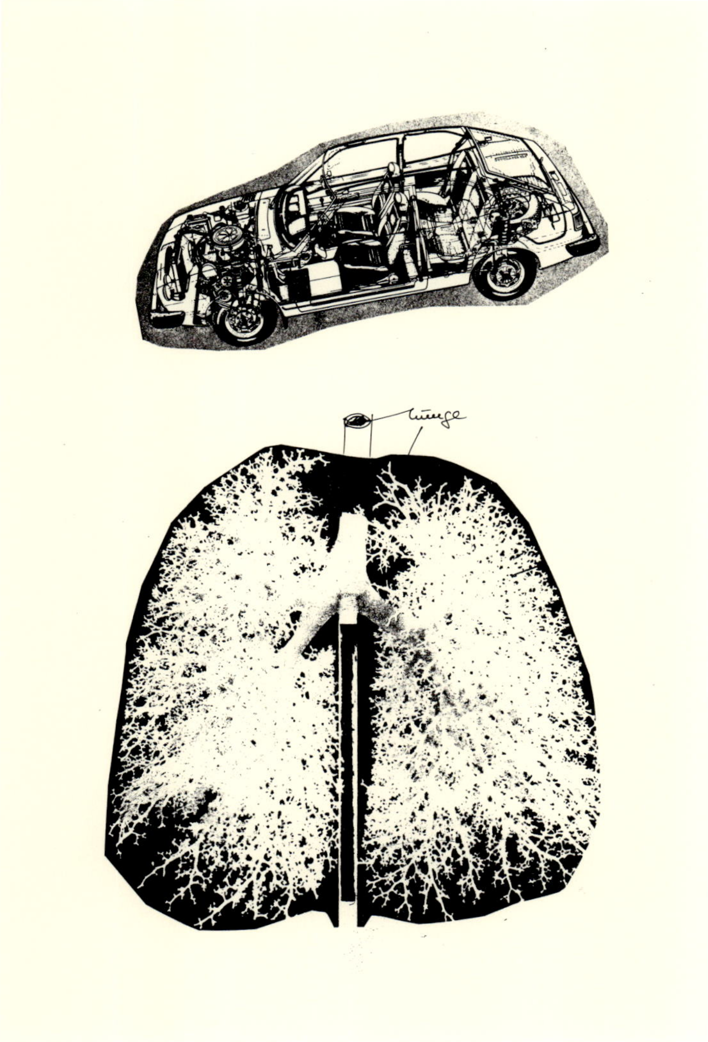

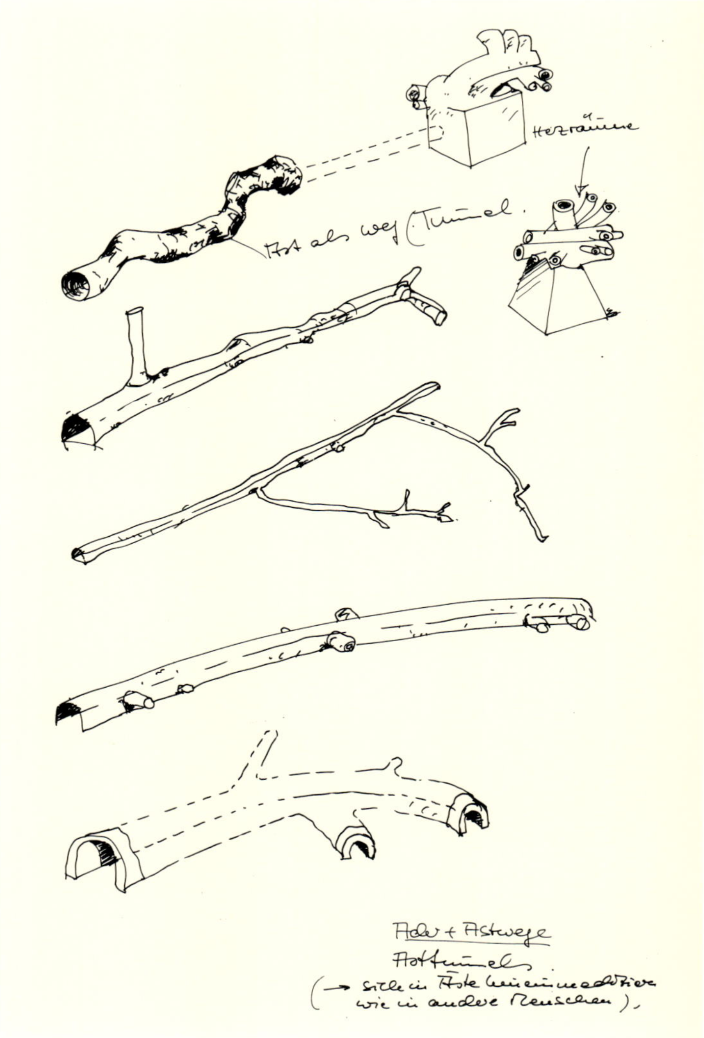

Innere Wege.

Interior paths.

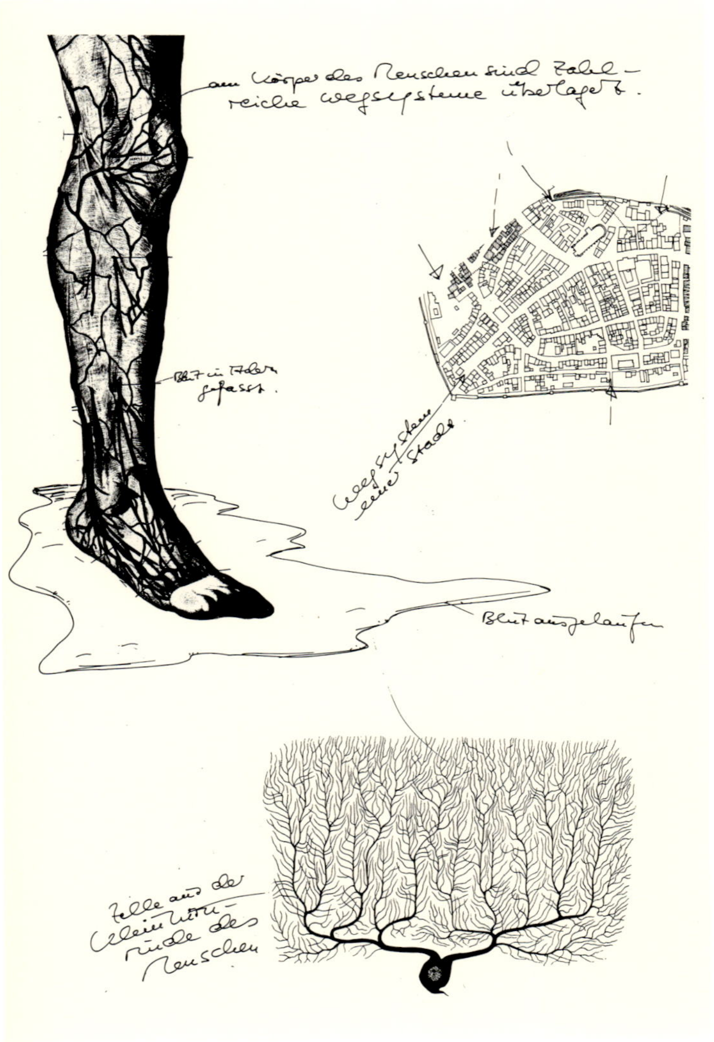

Ader- und Wegsysteme.

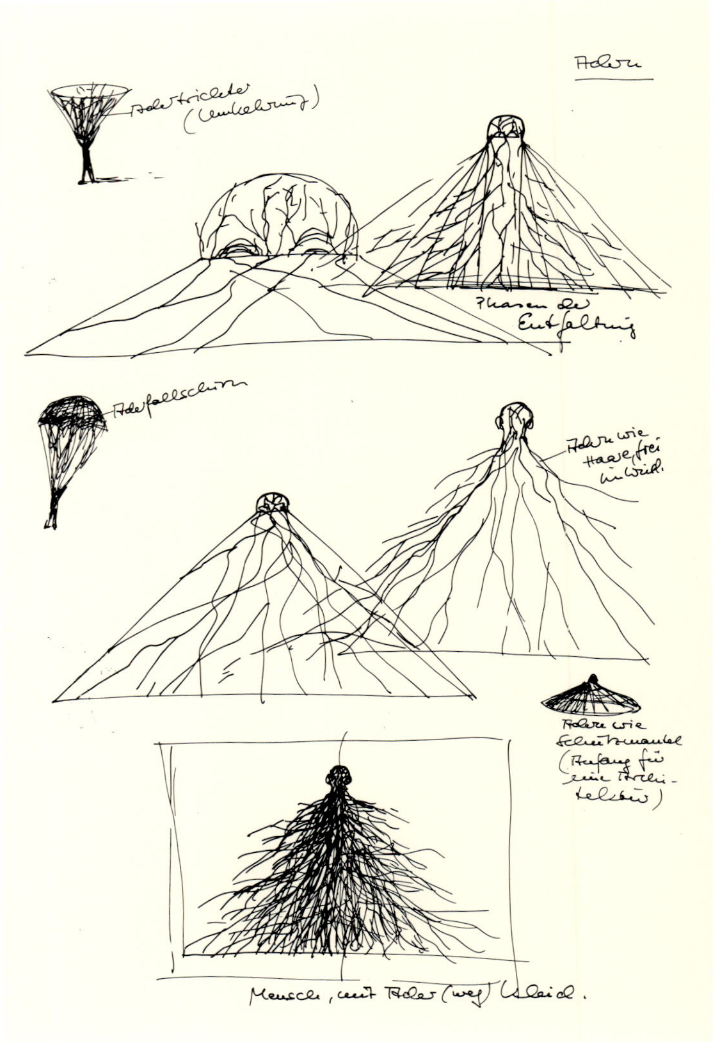

Systems of paths and blood-vessels.

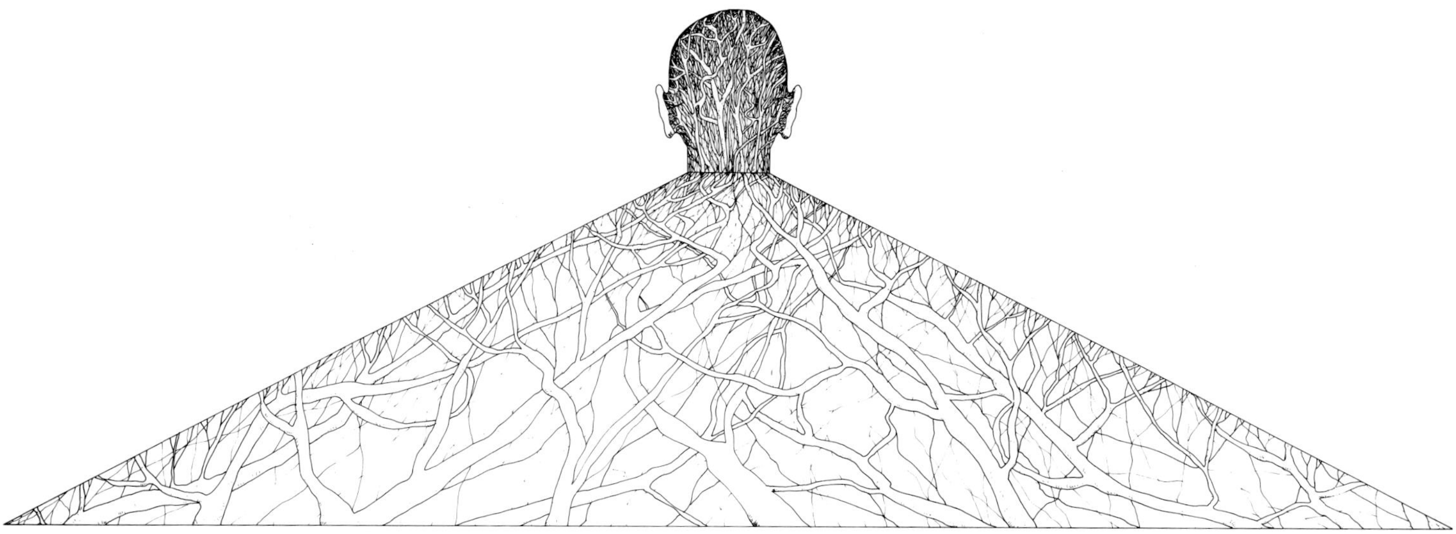

Blutwege.

Bloodpaths.

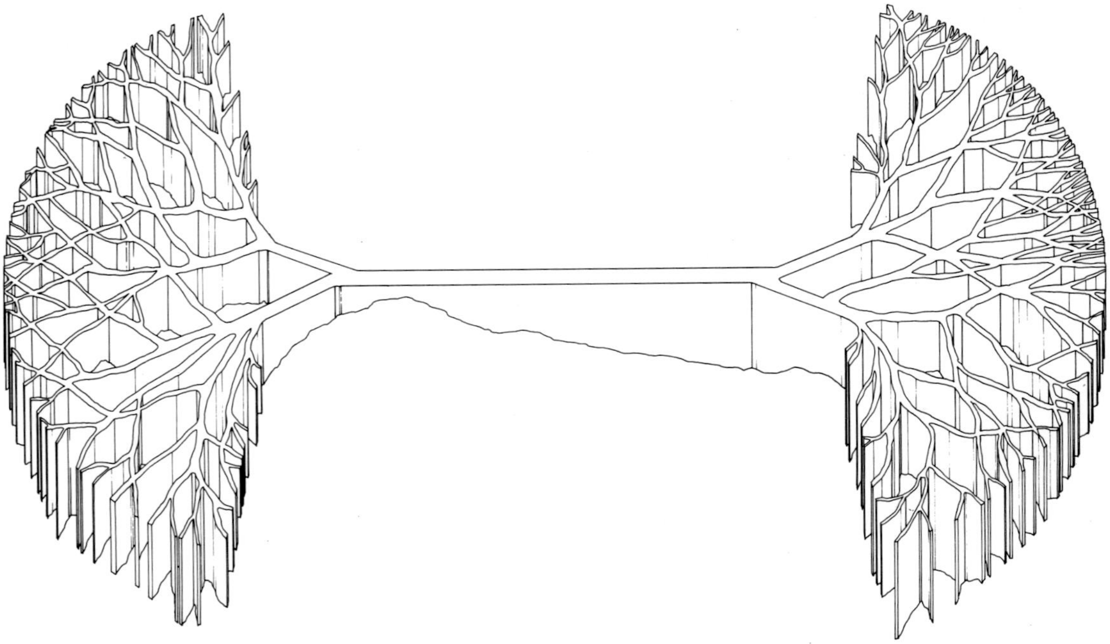

Baum- und Wurzelwege.

Root and branch paths.

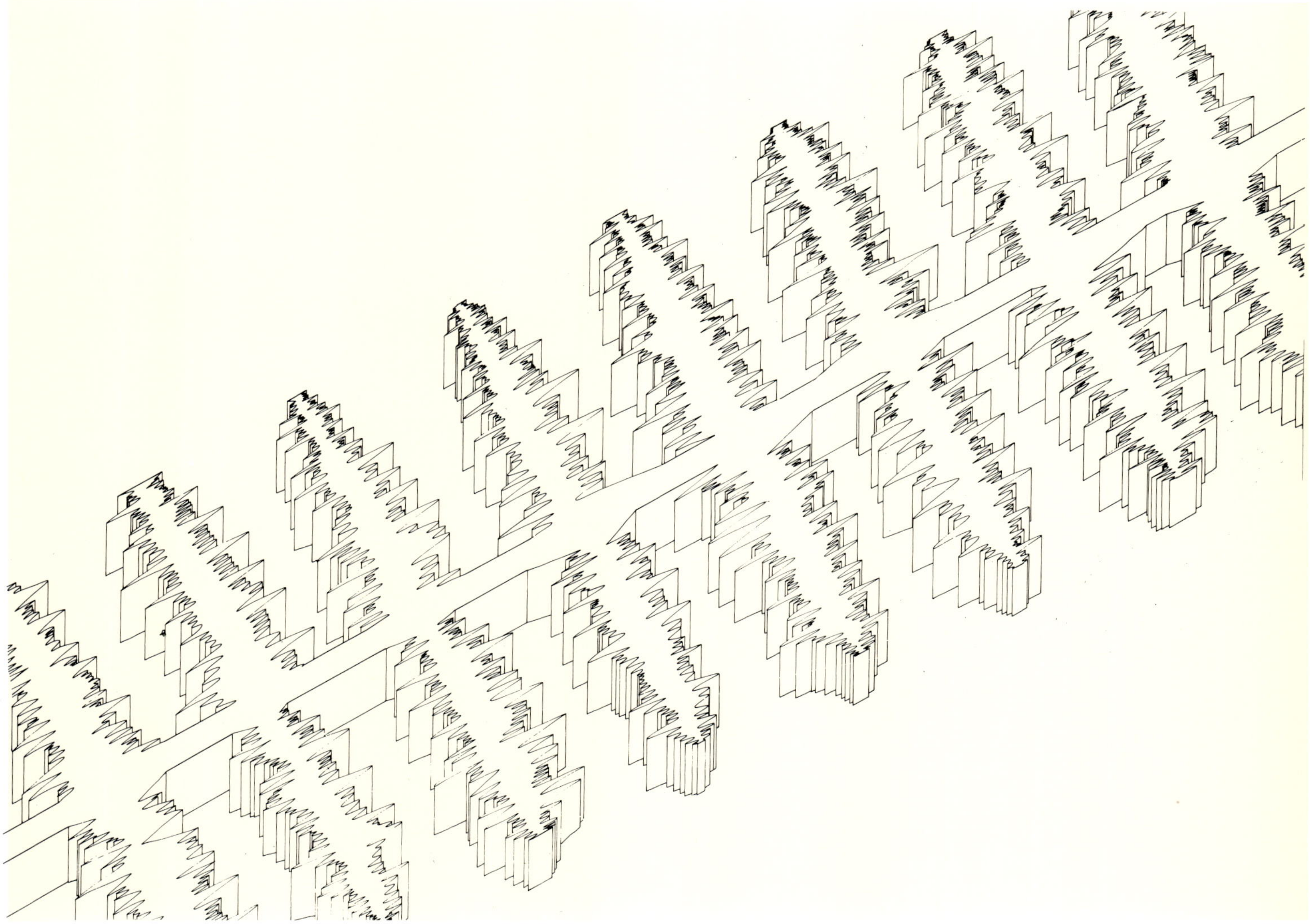

EEG-Tannen-Weg.

EEG fir-tree path.

Rhythmische Wegfestlegungen mit Bäumen oder Büschen. Rhythmically arranged paths with trees or bushes.

Baumreihen kreuzen und umspielen den Weg.

Paths intersected and festooned by rows of trees.

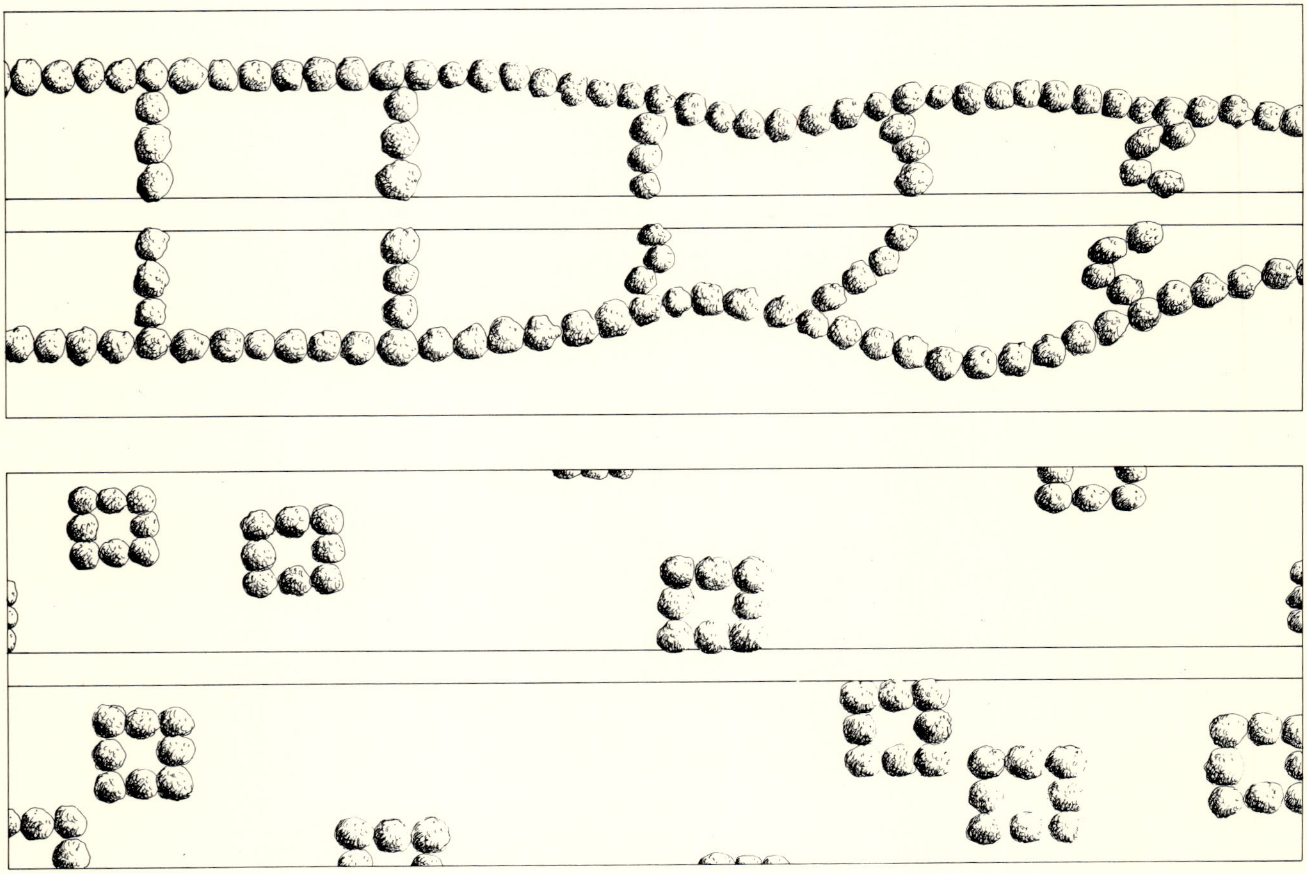

Musikalische Aspekte: Wege wie Musikstücke.

Musical aspects: paths as pieces of music.

Gepflanzte Partituren.

Landscaping in score.

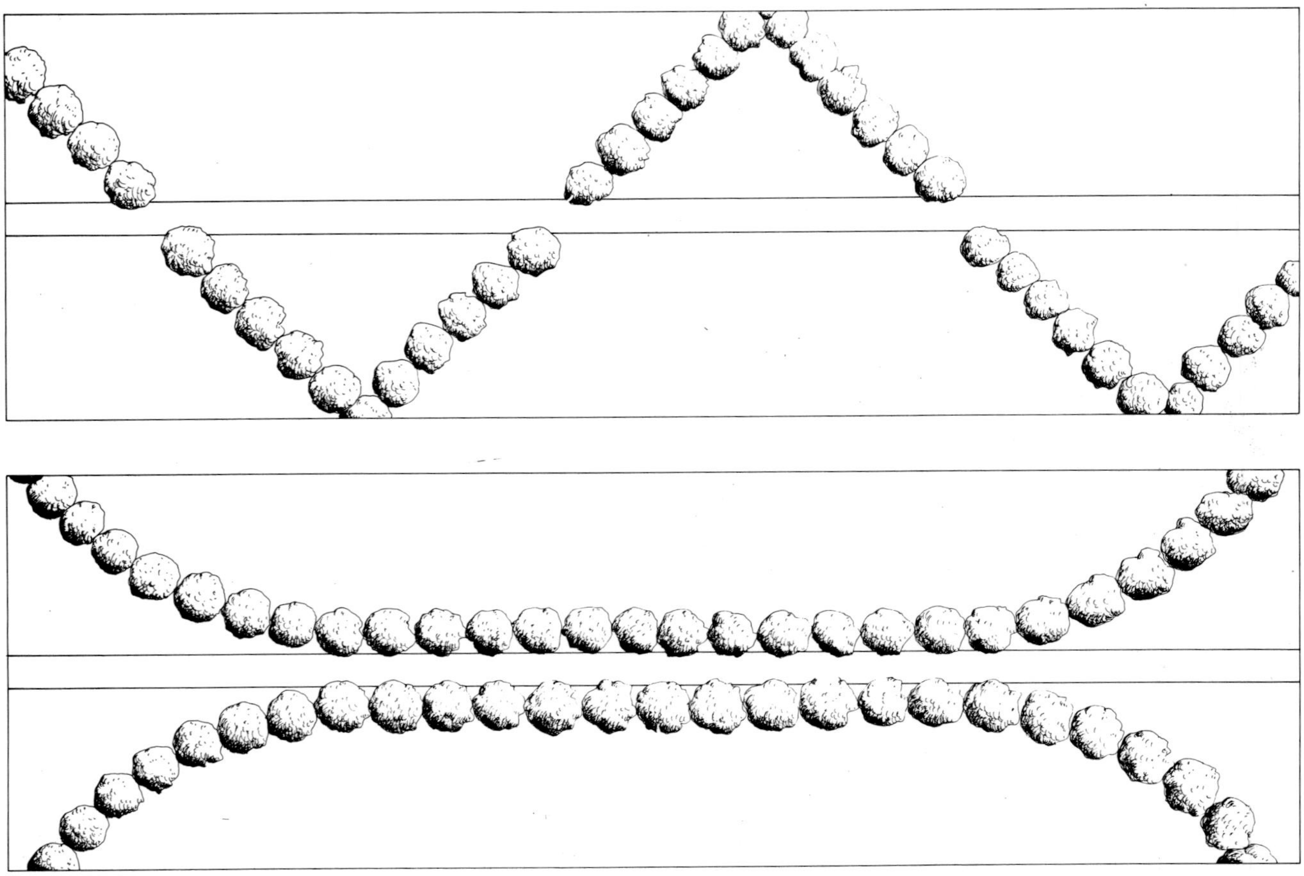

Je höher die zu erwartenden Tempi, um so großräumiger die Pflanzungssysteme.

The faster the anticipated tempos, the more spacious the landscaping.

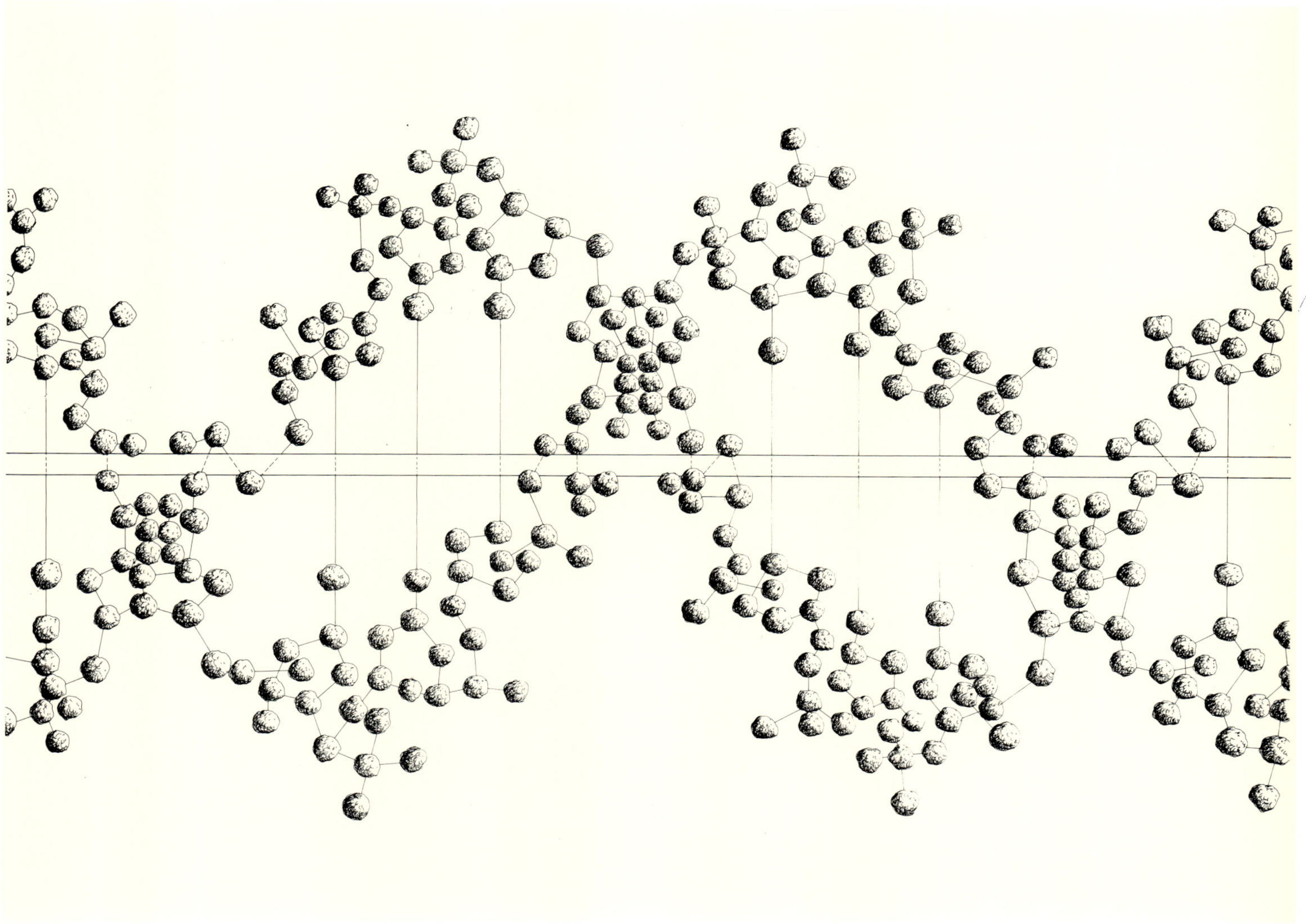

DNS-Molekül-Pflanzung in hügeliger Landschaft.

DNS-chain landscaping in hilly countryside.

Die Bäume können ersetzt werden durch andere Gegenstände, wie Felsblöcke, Fontänen, Kästen, Pyramiden, Bilder von Bäumen, Plastiken, Fernsehgeräten, Bücherregale etc.

Trees may be replaced by other objects such as boulders, fountains, boxes, pyramids, pictures of trees, sculptures, television sets, bookcases etc.

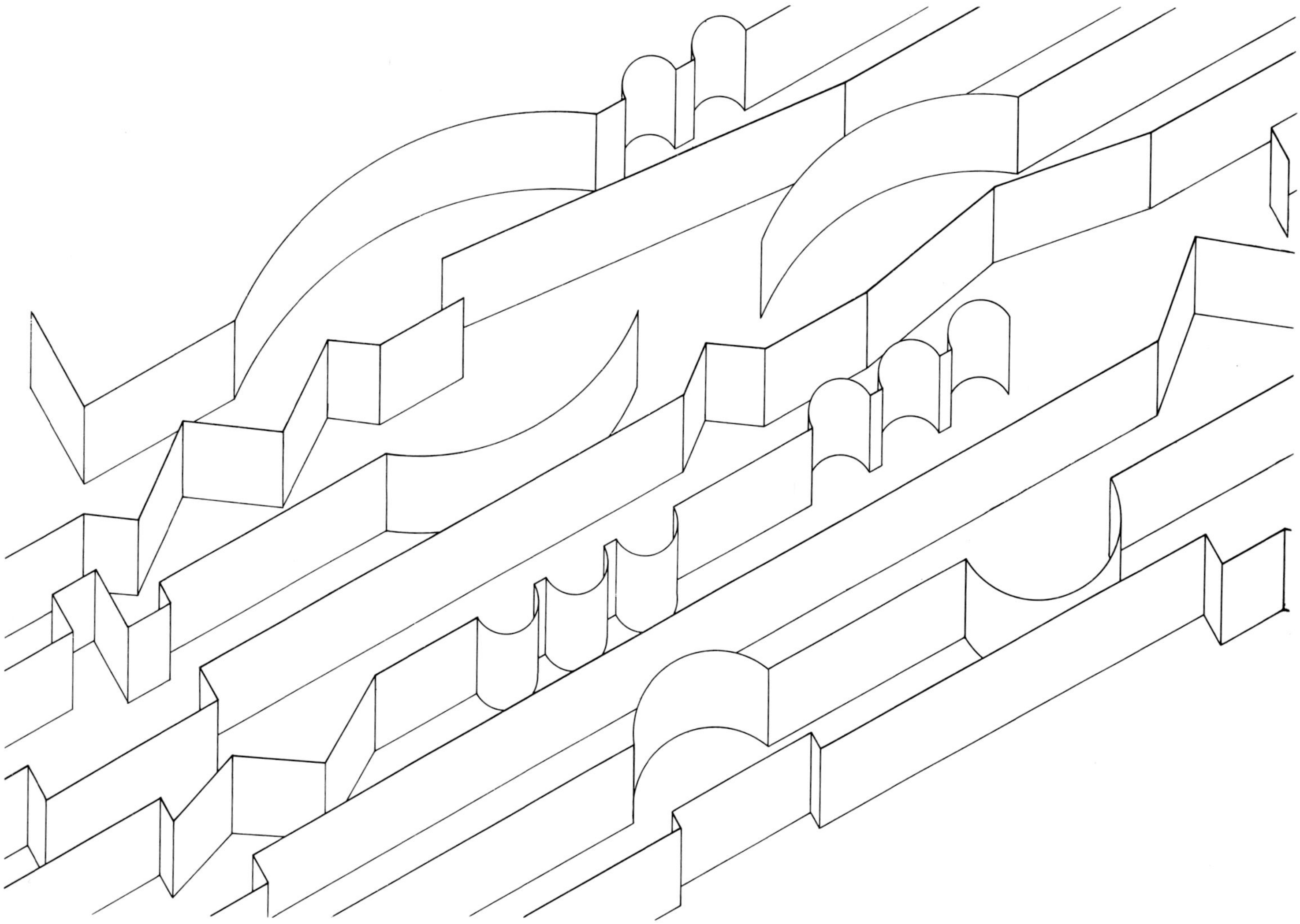

Wegfestlegungen mit Wandscheiben.

Articulated paths with sliding panels.

Wegfestlegungen mit Blöcken (Hecken oder Mauern mit Erde gefüllt und Gras bepflanzt).

Articulated paths with blocks (hedges or stone walls filled with earth and planted with lawn).

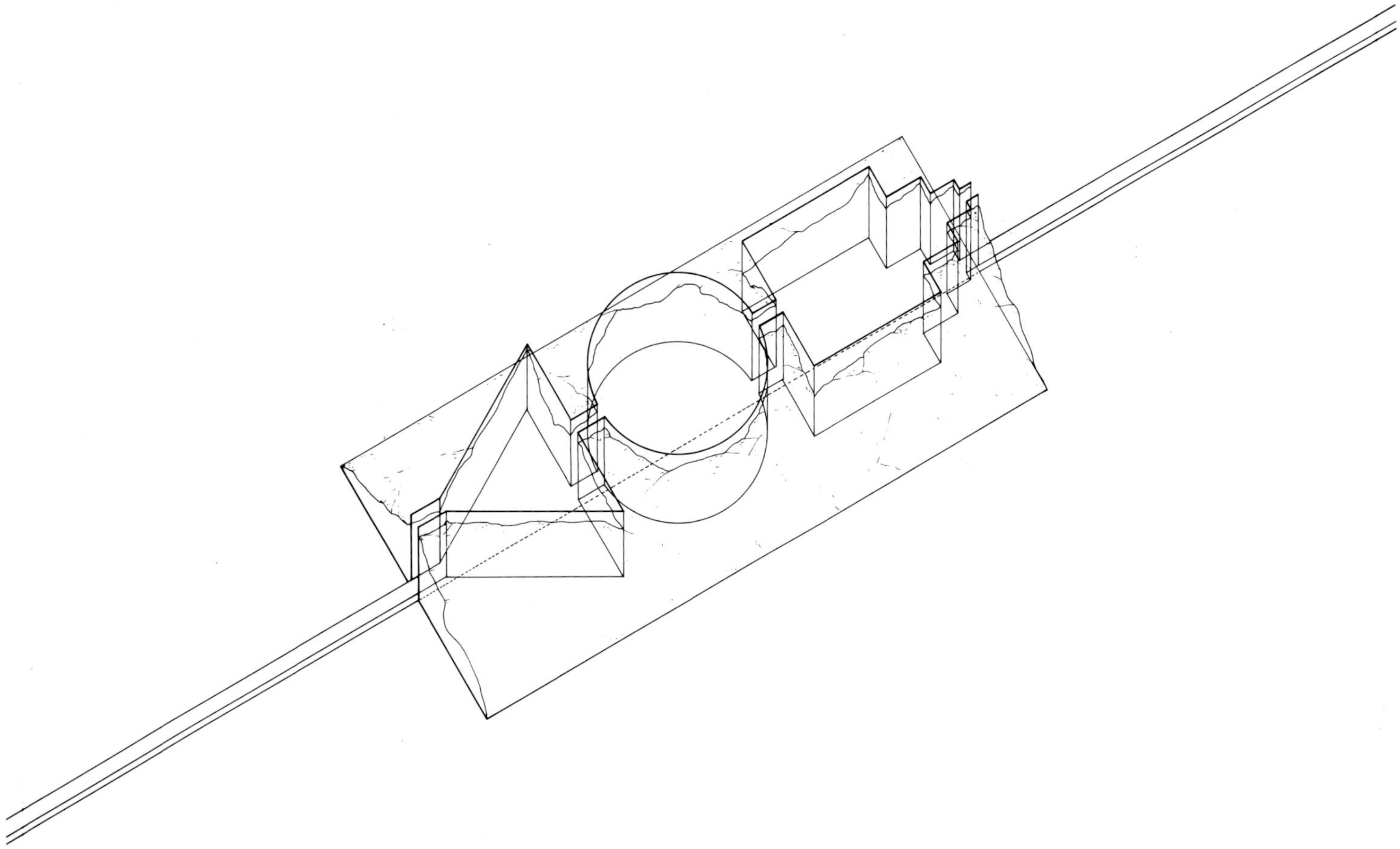

Primärraumwegfolge

Paths through a series of primary spaces.

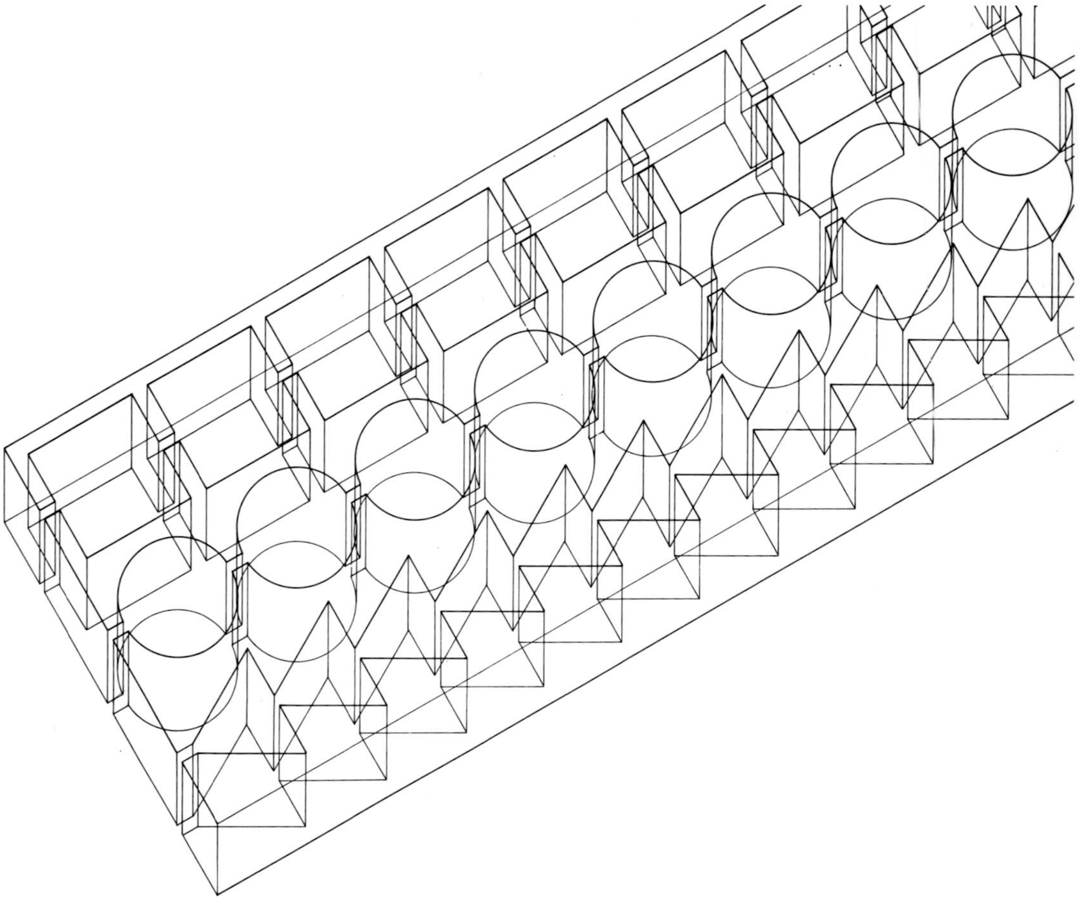

Primärraumwegfolge in Gruppenreihung.

Paths through series of primary spaces, grouped in rows.

Treppenweg.

Staircase path.

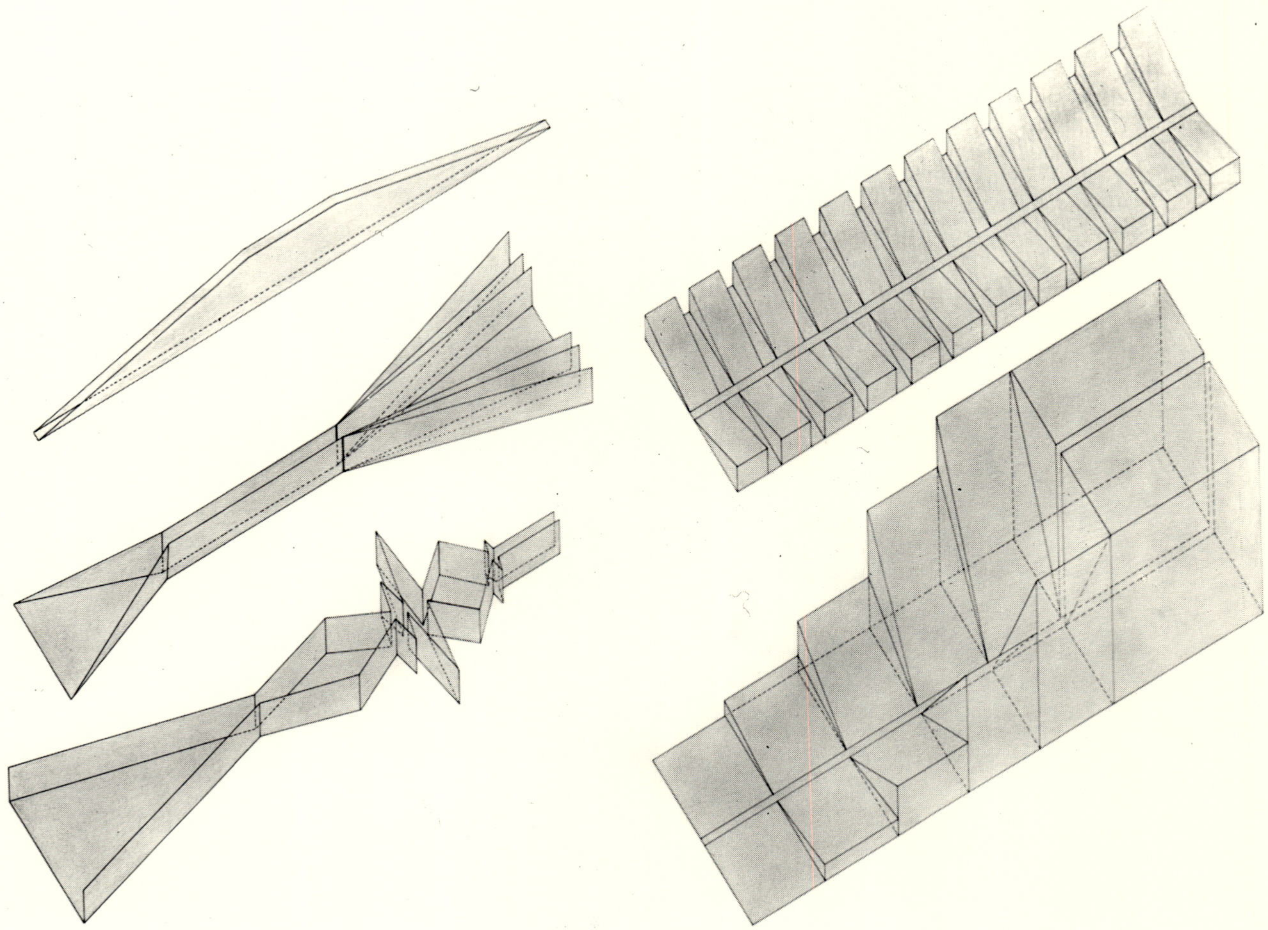

Wegrhythmen.

Path rhythms.

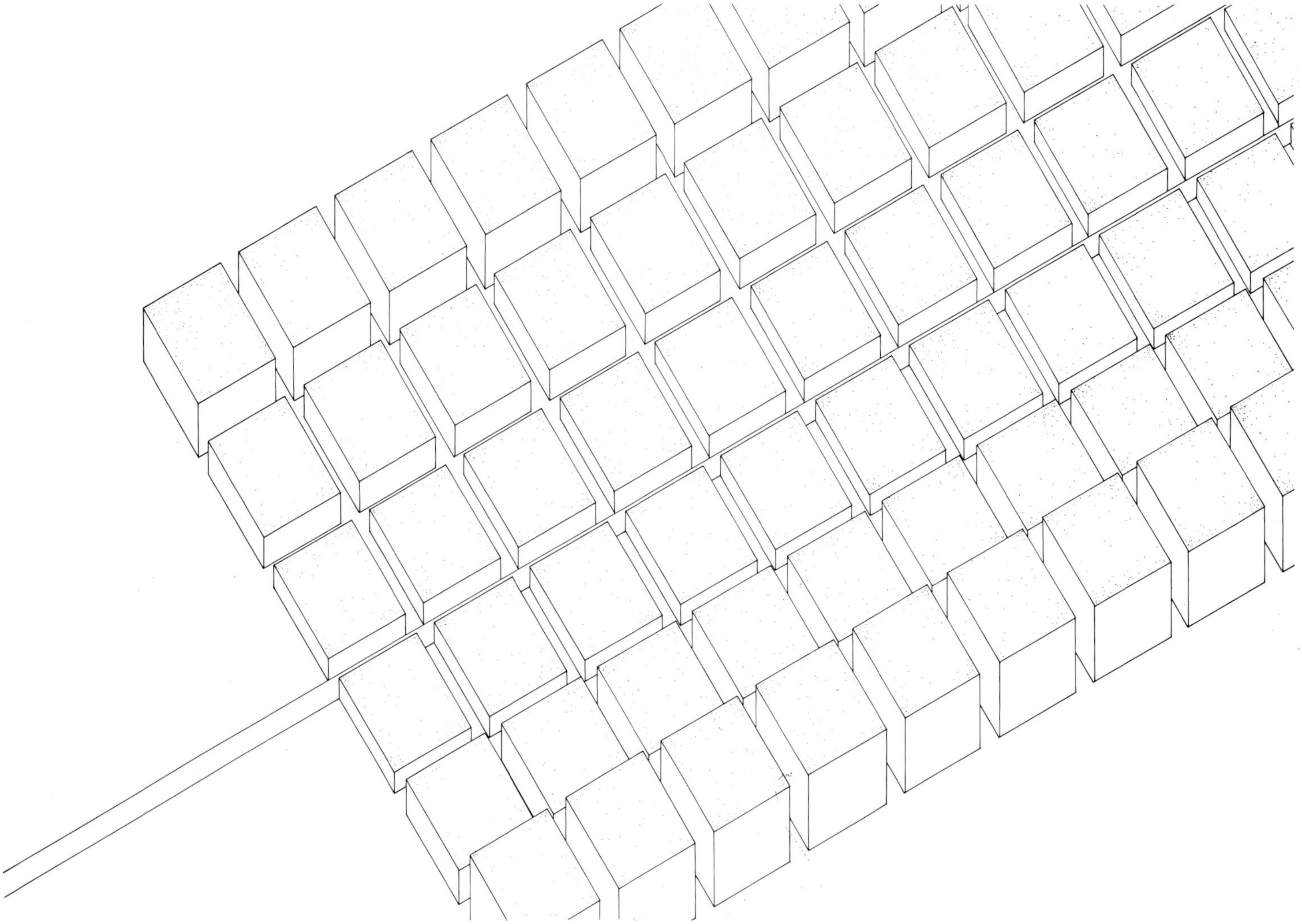

Weg durch gleichmäßig aus der Fläche erhöhte Grasfelder.

Path through fields of grass elevated evenly from the plane.

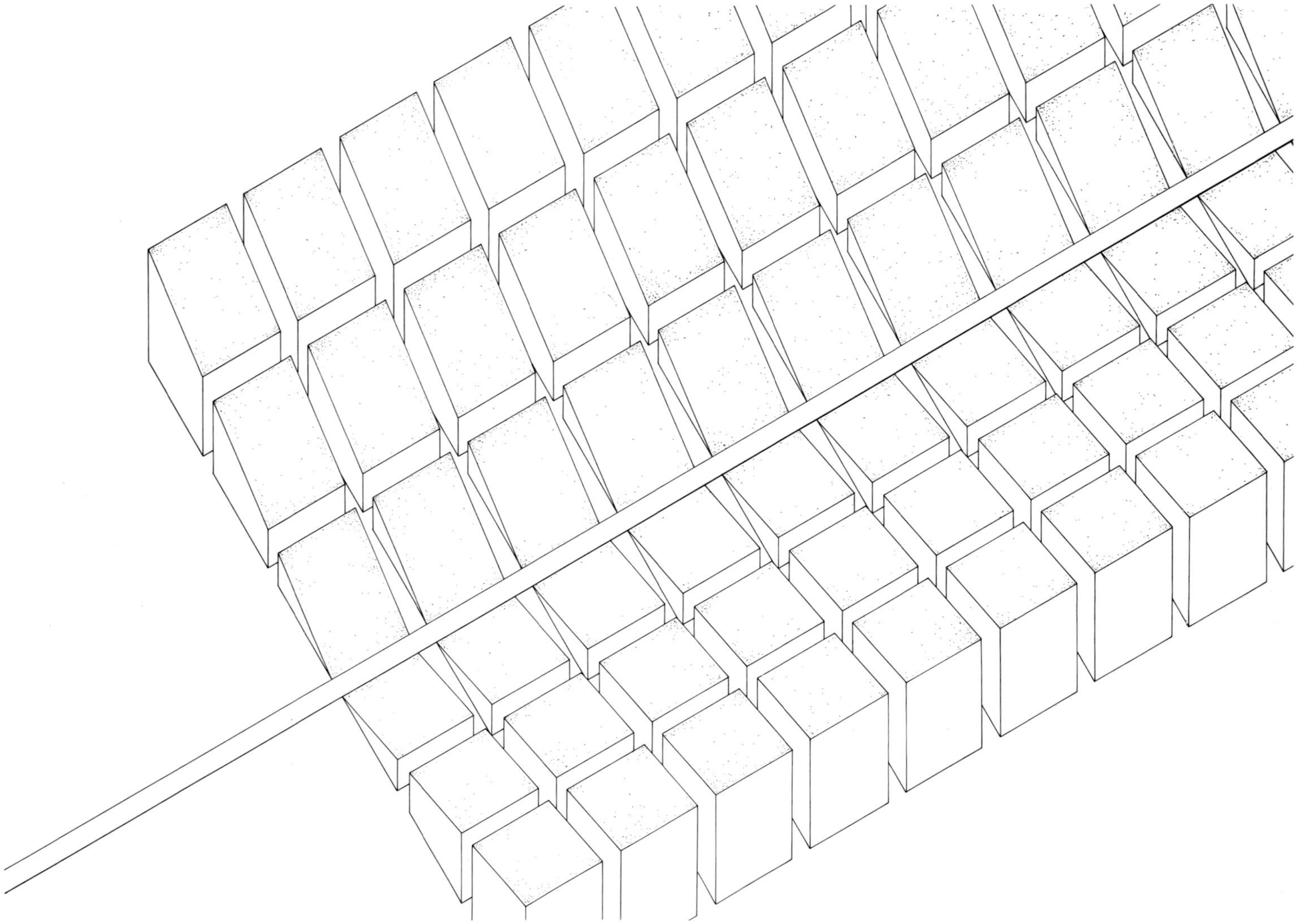

Weg durch schrägansteigende Grasblöcke.

Path leading through sloped blocks of grass.

Wege durch größer und kleiner werdende Grassegmente.

Paths leading through expanding and contracting lawn segments.

In Kreisblöcke mündende Sackgassen, eingeschlossene Wegfragmente (Gräber), Durchgangswege, Kreuzungen.

Dead-end passages emptying into circular blocks, fragmentary hemmed-in paths (graves), thoroughfares, crossings.

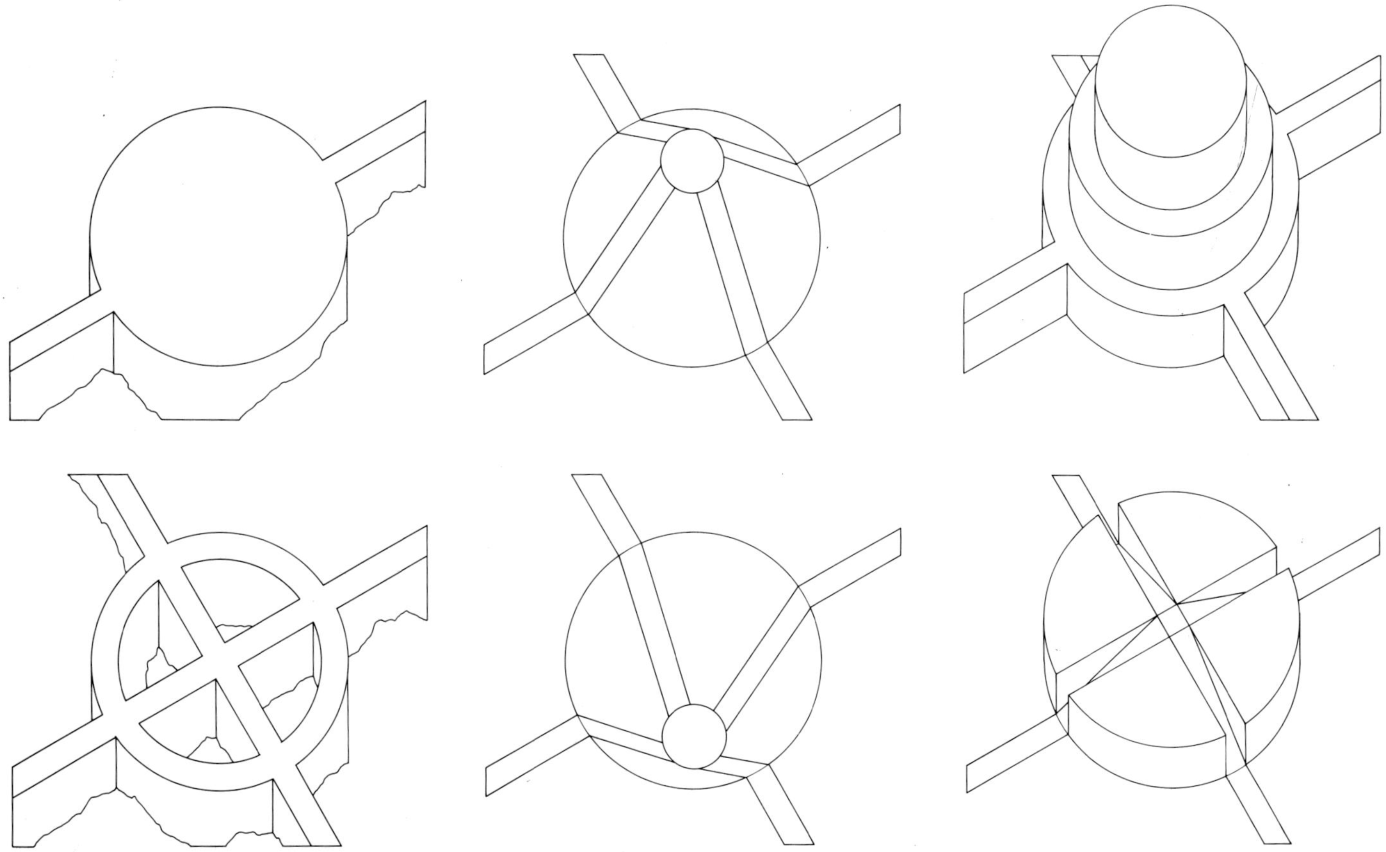

Kreuzungen in Kreisformen.

Crossings in circular forms.

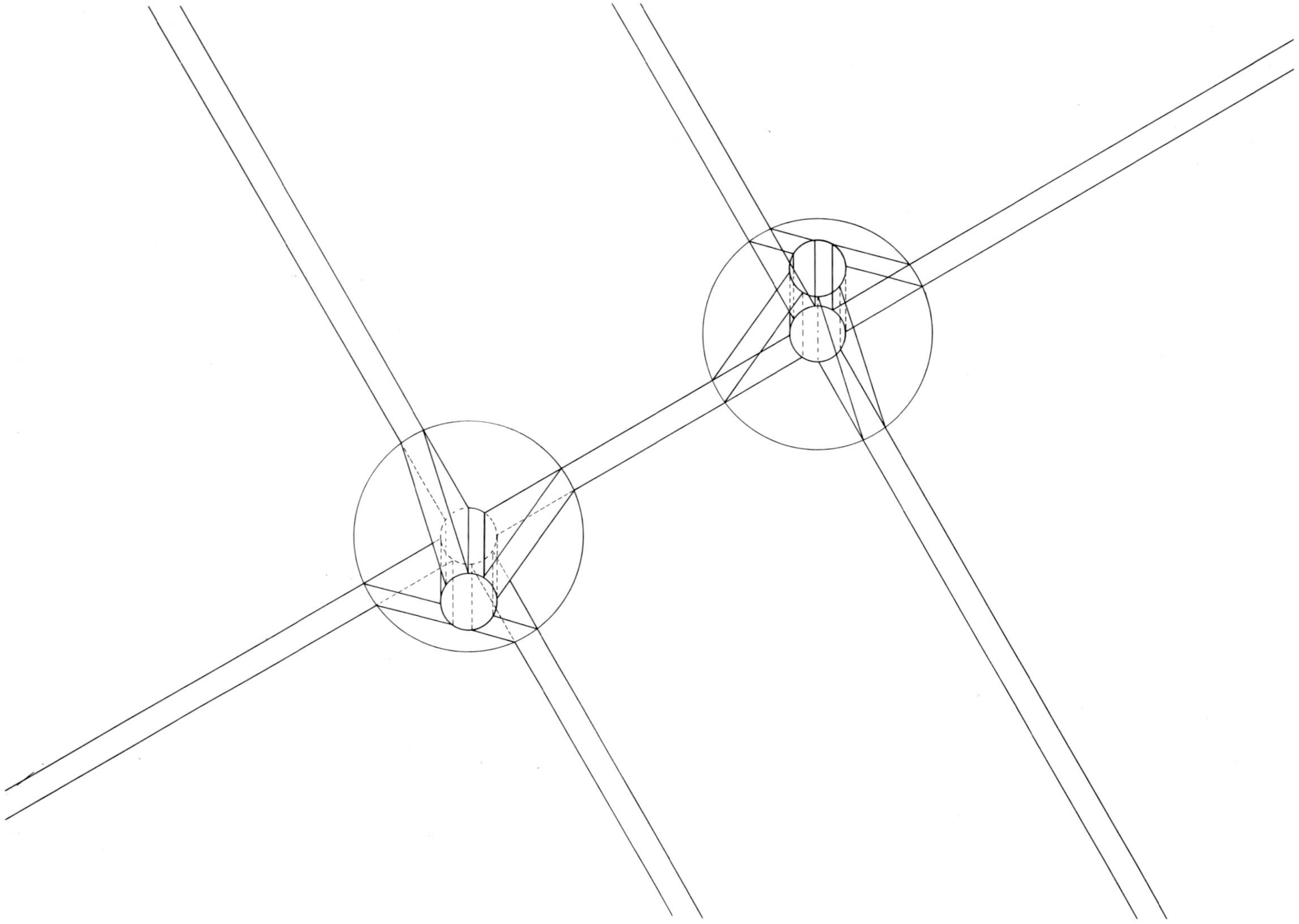

Negativ-Positiv-Kreuzungen.

Crossing and anti-crossing.

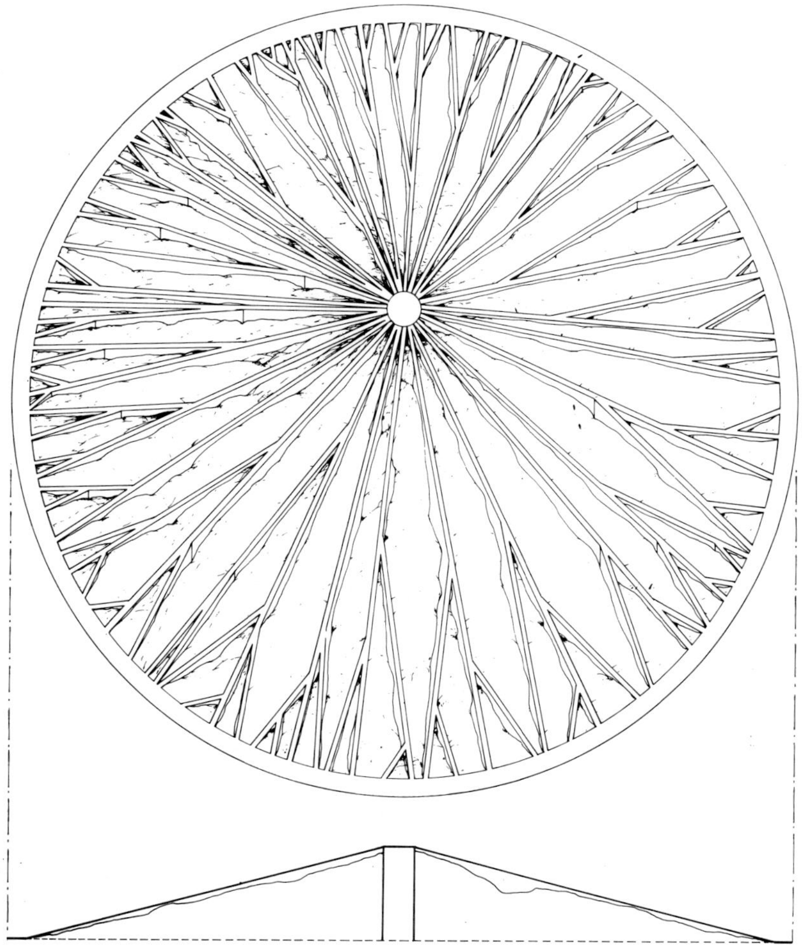

Zentrales Wegsystem, zur Mitte hin ansteigend.

Axial system of paths, rising towards the middle.

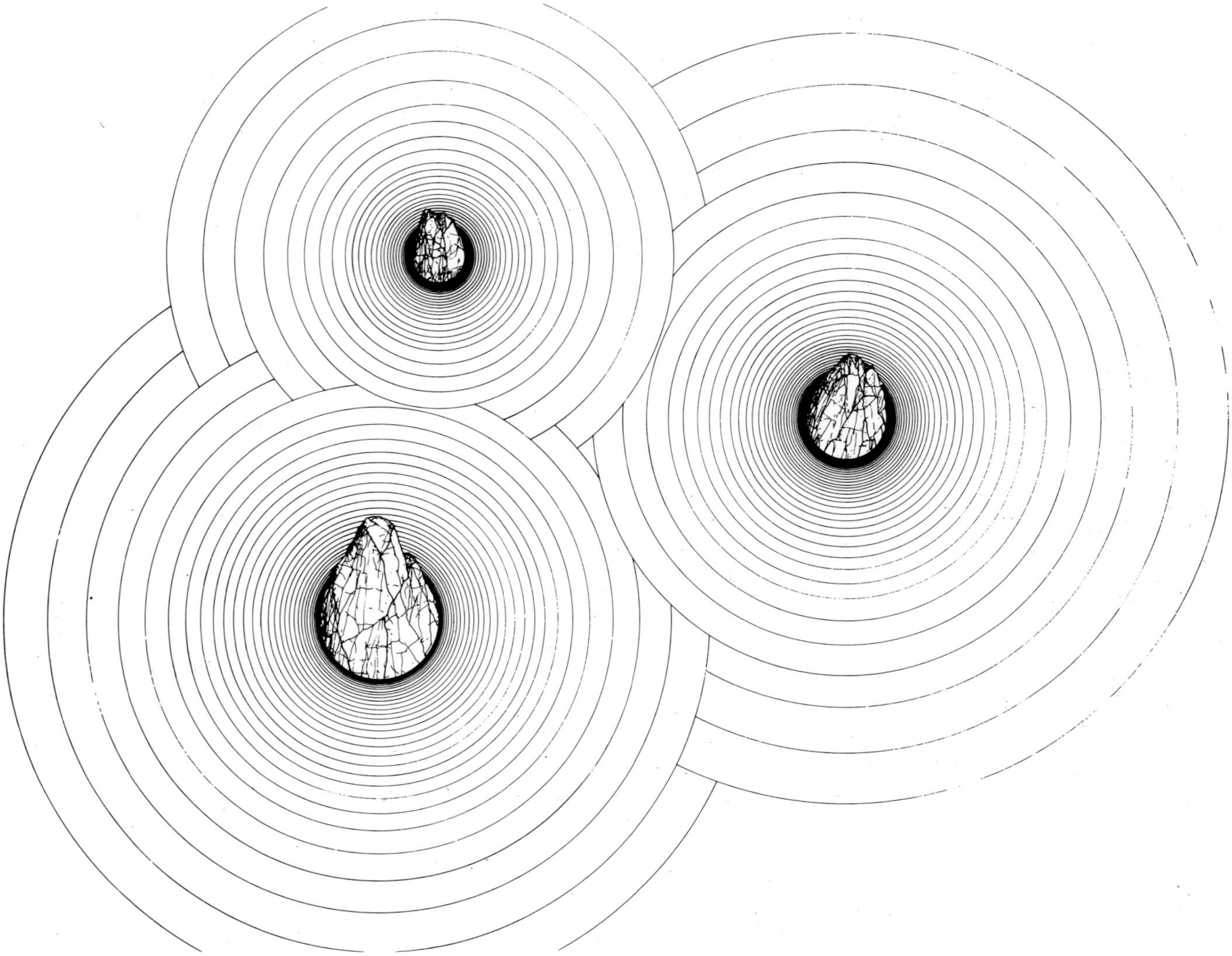

Kreiswege:
»Kreis: Das Wort hatte ursprünglich Geltung im magisch-religiösen Bereich, beachte die alte Bed. ›Zauberkreis‹. Kreislinie, abgegrenzter Kampfplatz; Gebiet, Bezirk, Umkreis. Gehört im Sinne von ›eingeritzte Linie‹ zu der Sippe von ›kritzeln‹. Kreisstadt, Kreisgericht, Wahlkreis, Familienkreis, Freundeskreis, Leserkreis, Gesichtskreis, Tierkreis, Umkreis, Wendekreis, Blutkreislauf.« (Duden).

Circular paths.
›Circle: the word originally had magical and religious connotations, as in the ancient idea of the ›magic circle‹. Encirclement, an enclosed battleground; area, district, area within a particular radius. Circle in the sense of ›carved line‹ is part of the ›kritzeln‹ family. Circumference, circumnavigation, circumvention, circumambulation, circumscription, circumvallation, circumstance, circular, circular reasoning, circuit, circuit court, electoral circuit, electoral circuit, family circle, circle of friends, circulation, circulatory system.‹ (Duden)

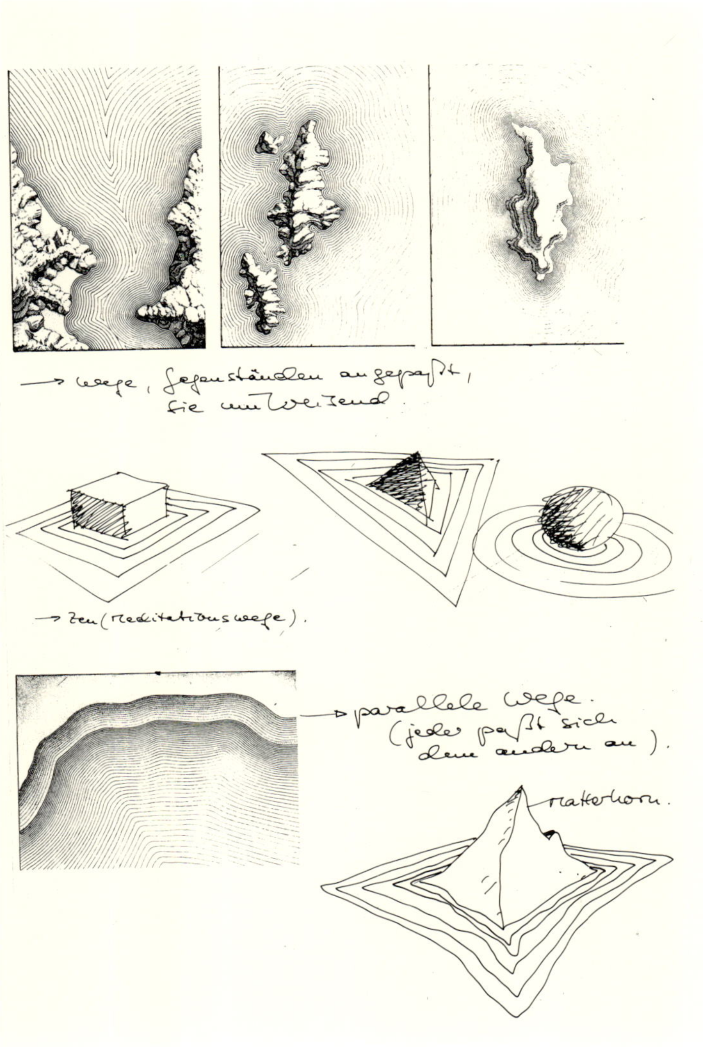
→ wege, Gegenständen angepaßt,
→ Zen (Meditationswege).
→ parallele wege.
(jeder paßt sich
dem andern an).
Matterhorn.

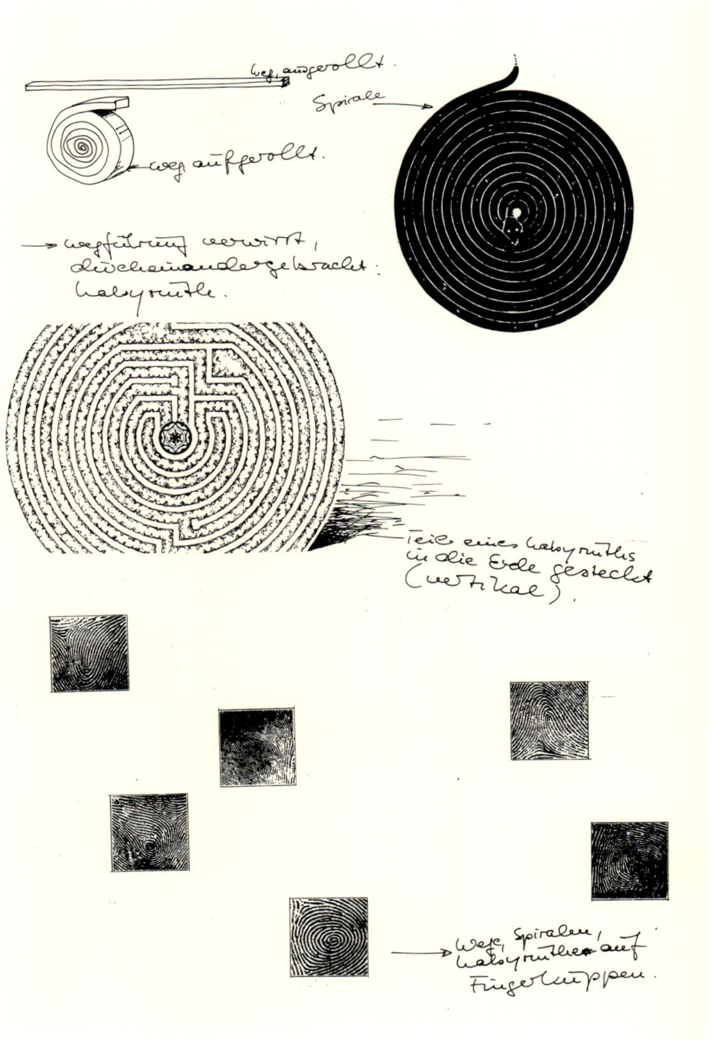
weg, aufgerollt.
Spirale
weg aufgerollt.
→ wegführung verwirrt,
durcheinandergebracht:
labyrinthe.
Teil eines labyrinths
in die Erde gesteckt
(vertikal).
→ wege, Spiralen,
labyrinthe auf
Fingerkuppen.

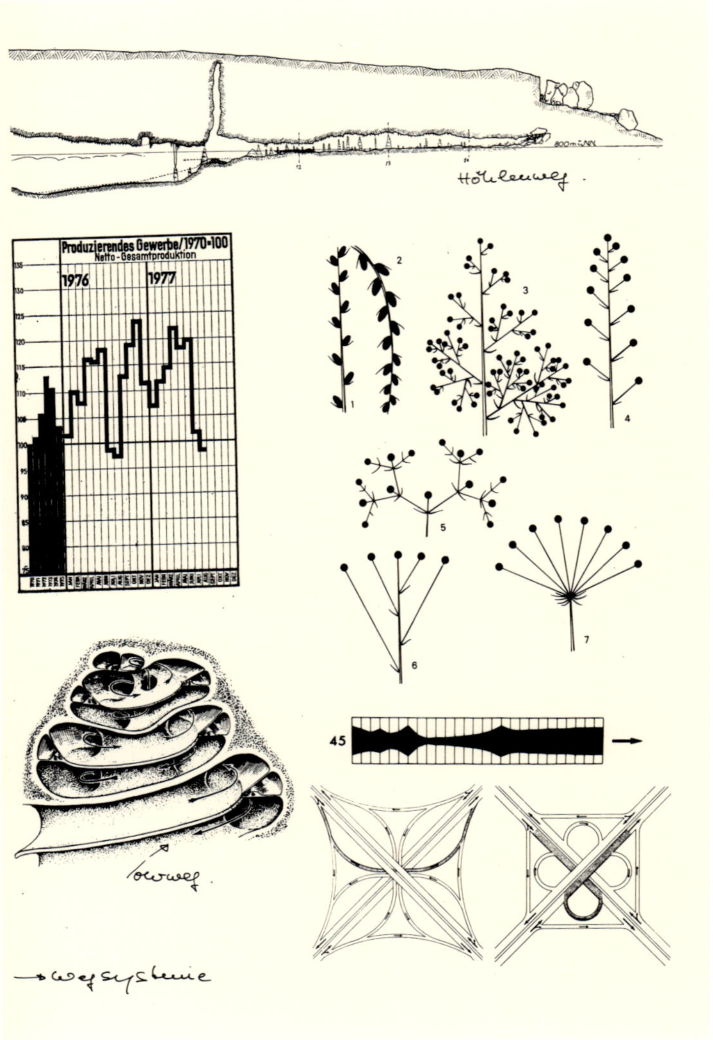
Höhlenweg
Produzierendes Gewerbe/1970=100
Netto-Gesamtproduktion
1976
1977
45
Wegsysteme

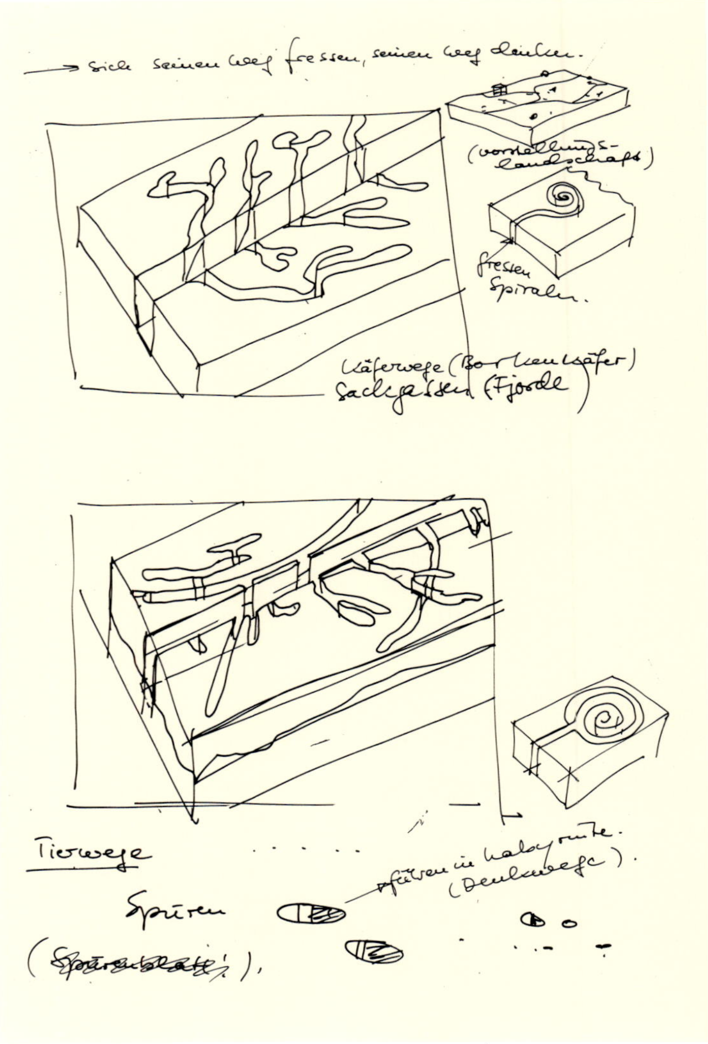
sich seinen Weg fressen, seinen Weg denken.
(Vorstellungslandschaft)
fressen Spiralen.
Käferwege (Borkenkäfer)
Sackgassen (Fjorde)
Tierwege
Spüren
Spüren in Labyrinthe.
(Denkwege).

Regelmäßiges Wegsystem, organisch erweitert.

Orderly system of paths with organic extensions.

Regelmäßiges und organisches Wegsystem überlagert. Die zivilisatorische Entwicklungstendenz führt vom Organisch-Krummen zum Technisch-Geraden. Immer wird die kürzeste Verbindung zwischen zwei Punkten angestrebt. Die Gerade als das Ziel.

Orderly and organic systems of paths, superimposed. The evolution of civilisation tends from the winding lines of organic growth to the straight lines of science and technology. The object is always to form the shortest connection between two points. The straight line as goal.

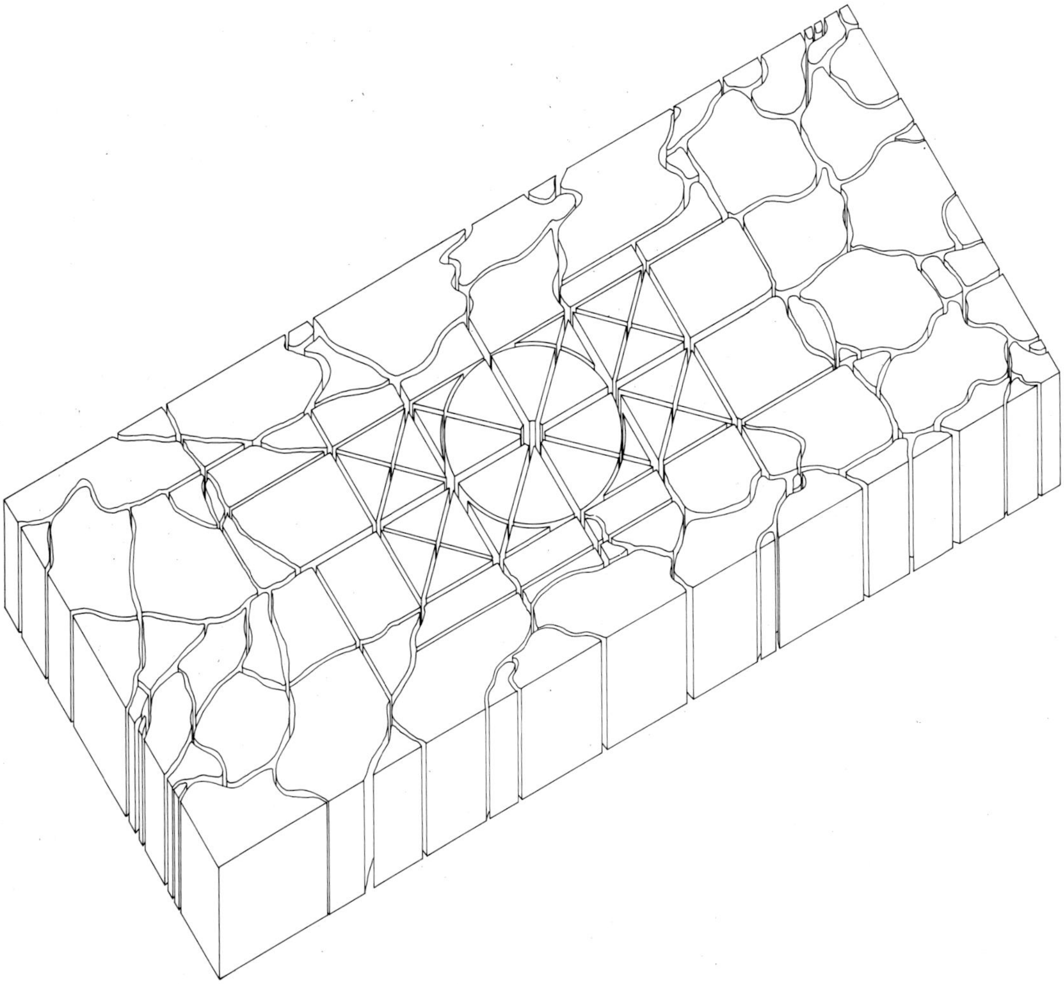

Parksystem mit tief eingeschnittenen Wegen.

Park system with deeply incised paths.

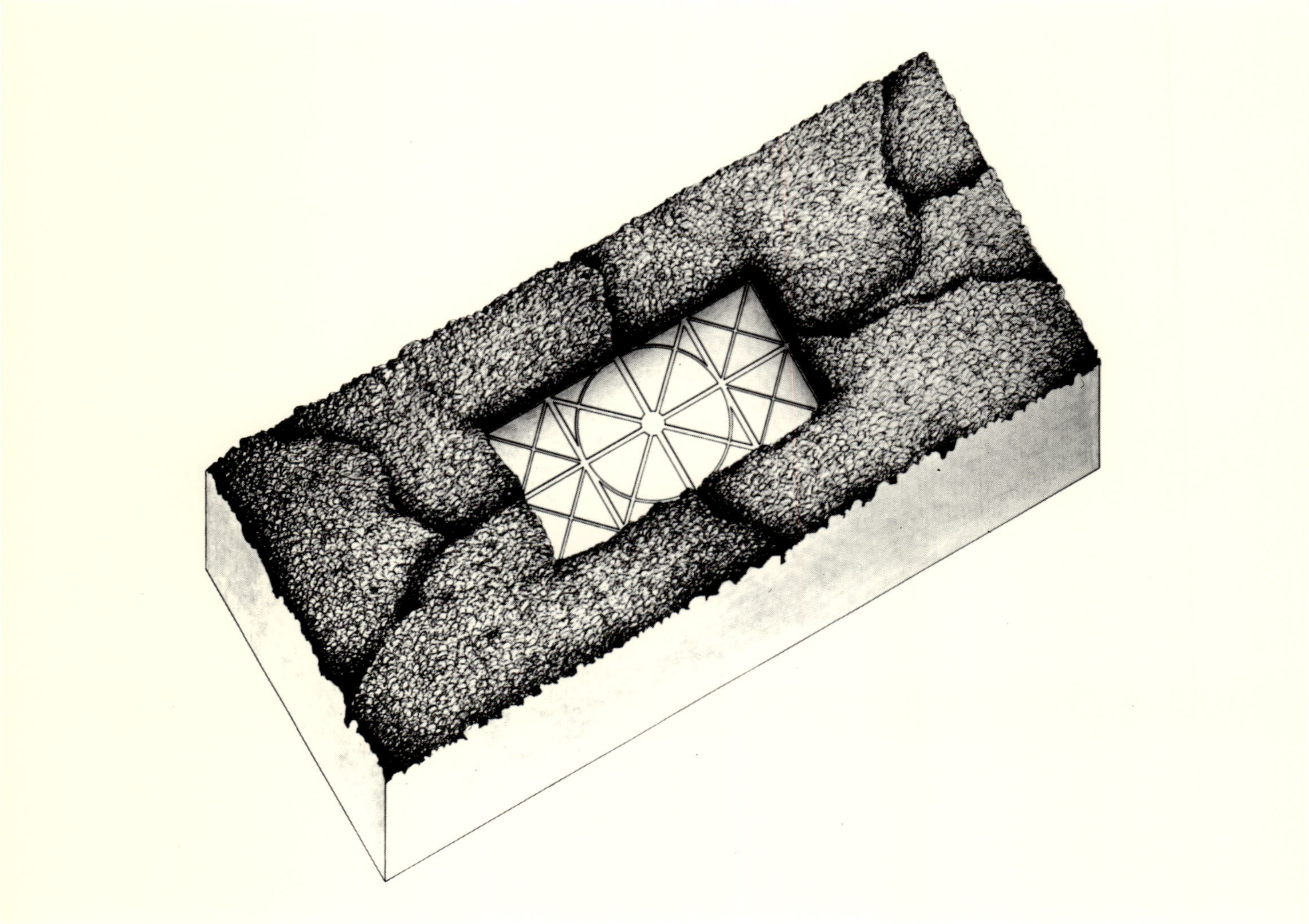

Barockisierte Urwaldlichtung.

Tropical rain forest with neo-Baroque clearing.

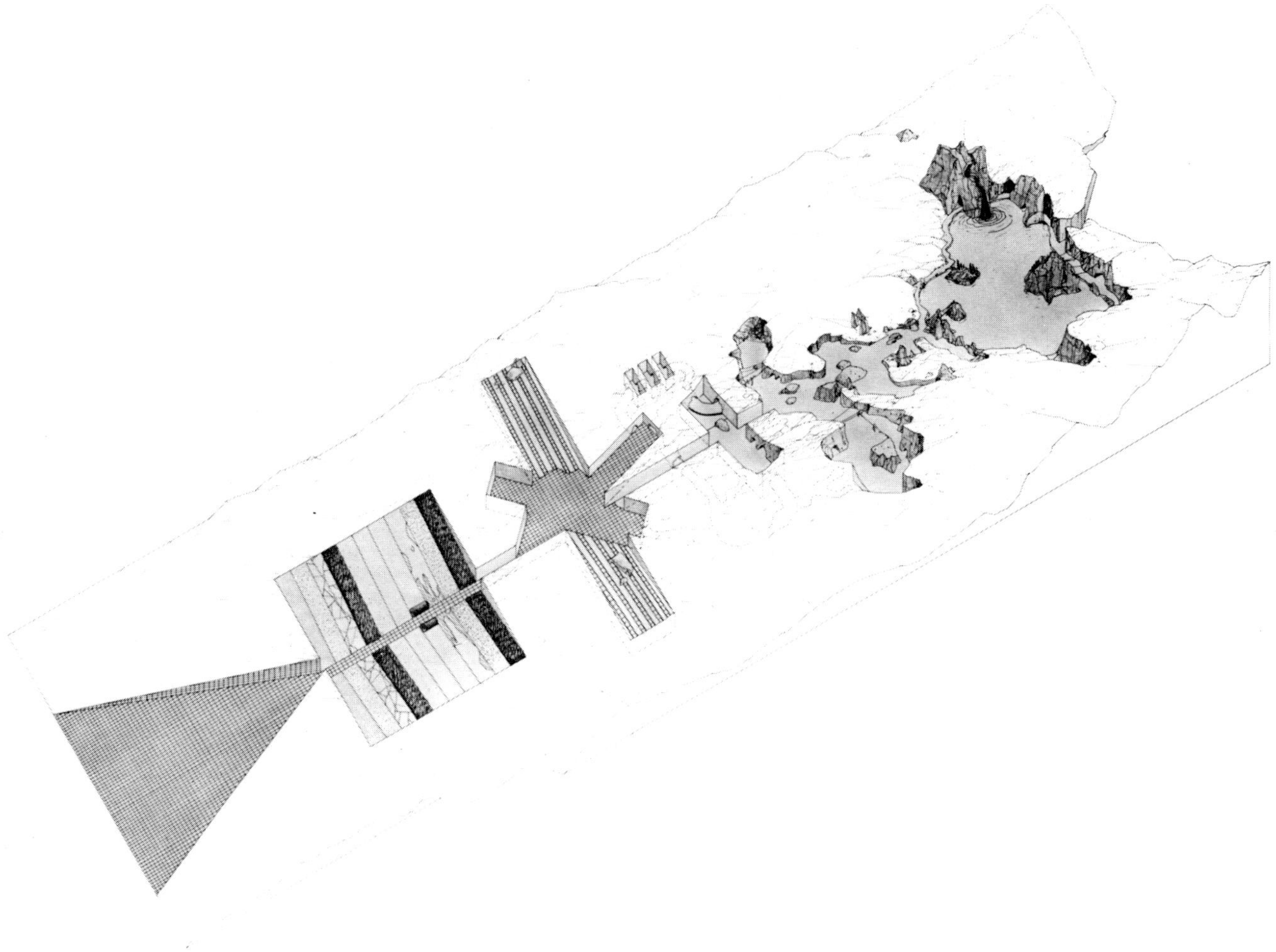

Weg aus einer klinisch-technischen Umgebung in eine romantische.

Paths leading from a technological environment to a romantic one.

Weg durch künstliche Felder (von rechts nach links): künstlicher Tannenwald, ausgetrocknetes Land mit Rissen (Neonbeleuchtung von unten), Betontulpenfeld, Kunststoffweizen, künstlicher Rasen mit Radios, Glühbirnenfeld, gemauertes Feld mit Lava, Fenster auf Asphalt, Vorhangfassadenfeld, künstliches Tulpenfeld, Querallee, Sandfeld mit Ölbildern, Postkarten und Modellen von Sehenswürdigkeiten aus aller Welt, aufgerollter Rasen, echtes Tulpenfeld, Ackerstrukturen, reale Wiese mit künstlichen Lagerfeuern und Blumendüften, Antennenwald, Einfamilienhausfragmente mit Kaufhauseinrichtungen und Gartenzwergen, saftige Bergwiese mit künstlichen Kühen und den dazugehörenden Geräuschen, Wasser und Eisfeld.

Path leading through artificial fields (from right to left): forest of artificial fir-trees, parched land with fissures (neon illumination from below), concrete tulip patch, plastic wheat, artificial lawn with radios, light-bulb patch, masonry field with lava, windows on asphalt, curtain wall field, artificial tulip patch, intersecting avenue, sandpatch with oil paintings, postcards and miniature landmarks from all ends of the earth, rolled-up lawn, genuine tulip patch, farmland patterns, real meadow with artificial campfires and floral scents, forest of antennas, fragments of suburban homes with department store applicances and garden gnomes, lush alpine meadow with artificial cows and associated noises, water and ice field.

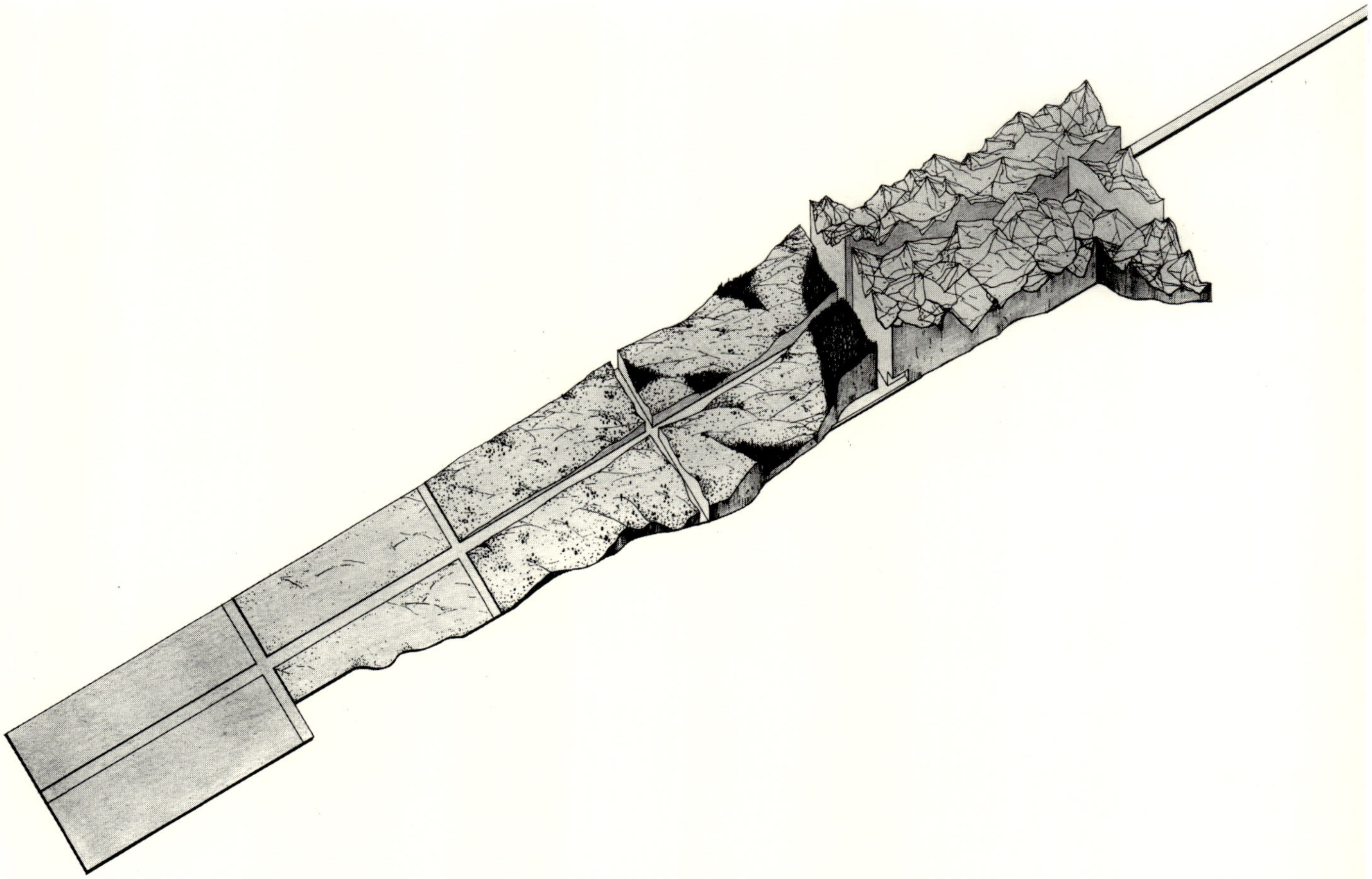

Weg durch eine Landschaftsschule: Nichtlandschaft, Küste, Heide, Mittelgebirge, Hochgebirge.

Path leading through a landscape nursery: non-landscape, coastland, heath, uplands, high mountains.

Wegkreuzung mit Landschaftsschulelementen.

Crossroads with elements from a landscape nursery.

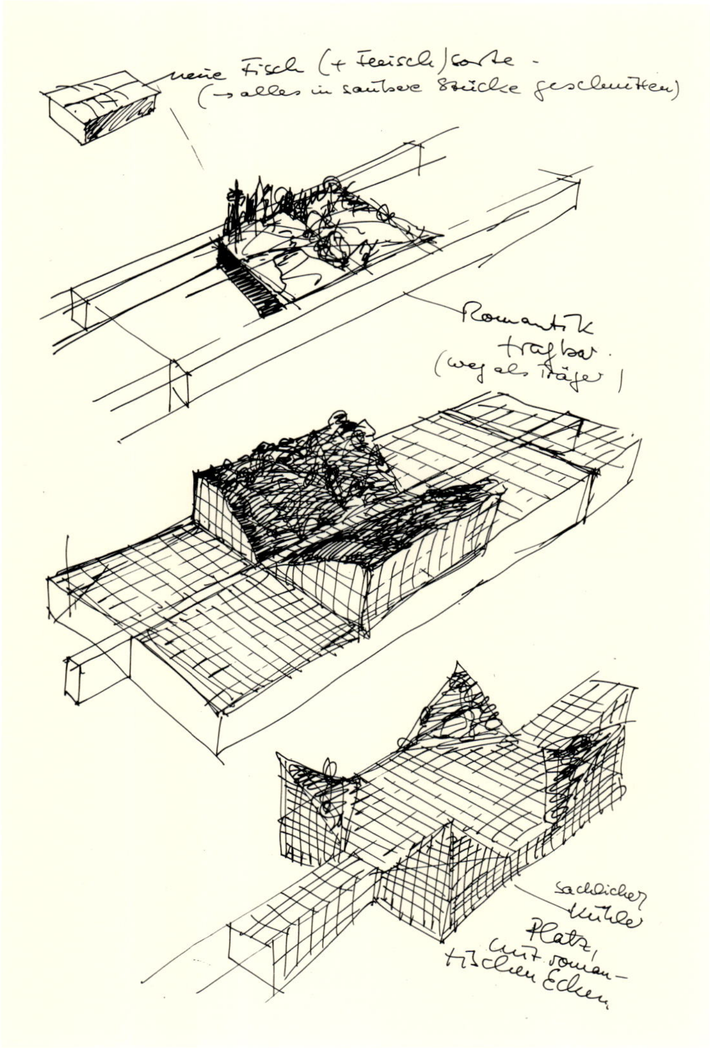

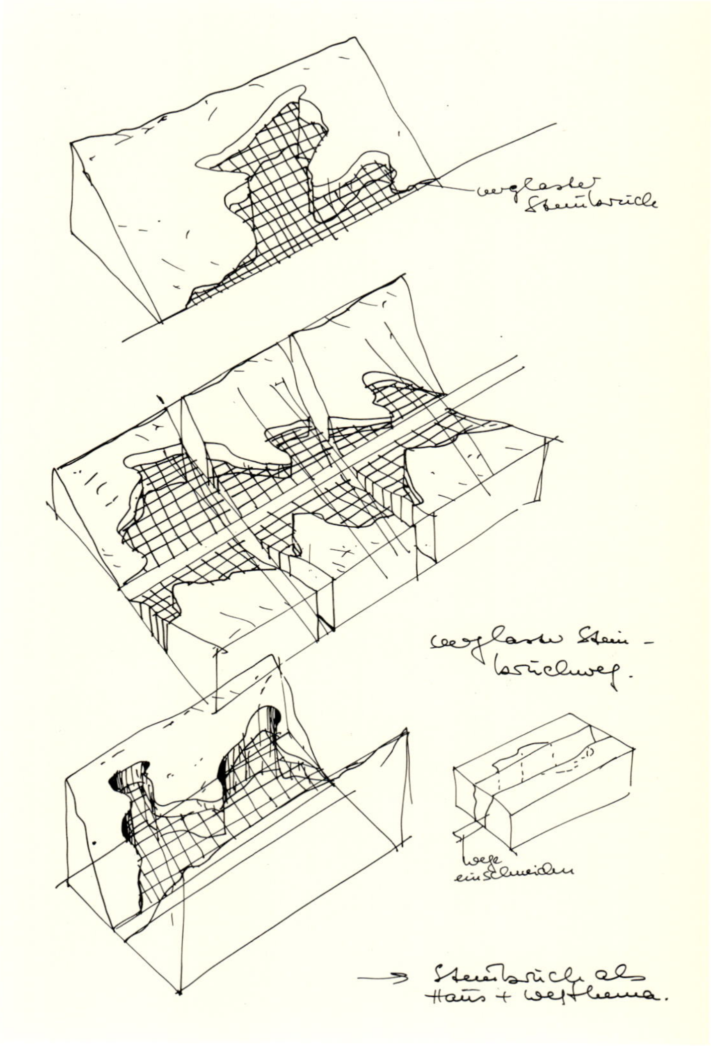

Gekachelte und verglaste Naturteile.

Natural elements, tiled and glazed.

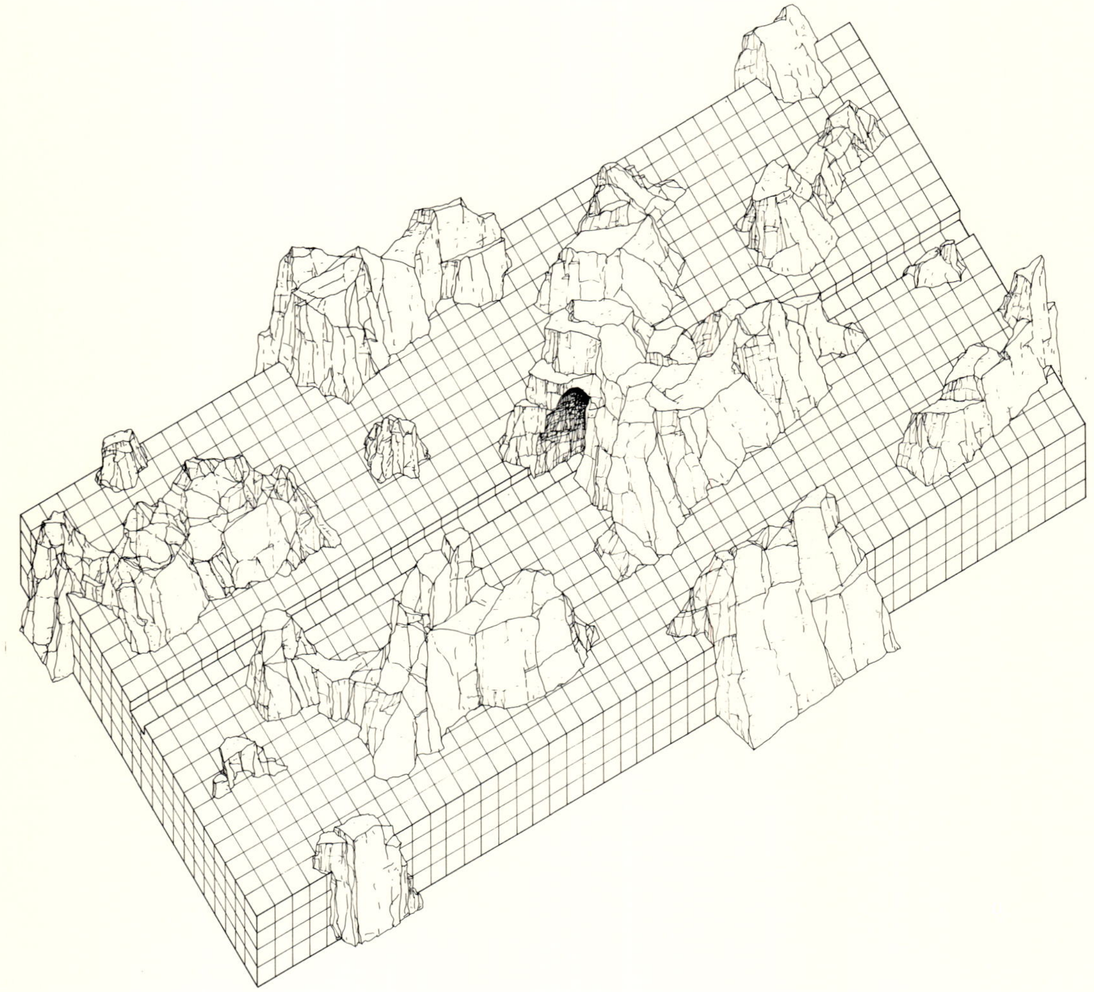

Weg durch eine gekachelte Ebene, die von Felsen durchbrochen ist.

Path over a tiled plain perforated by mountain crags.

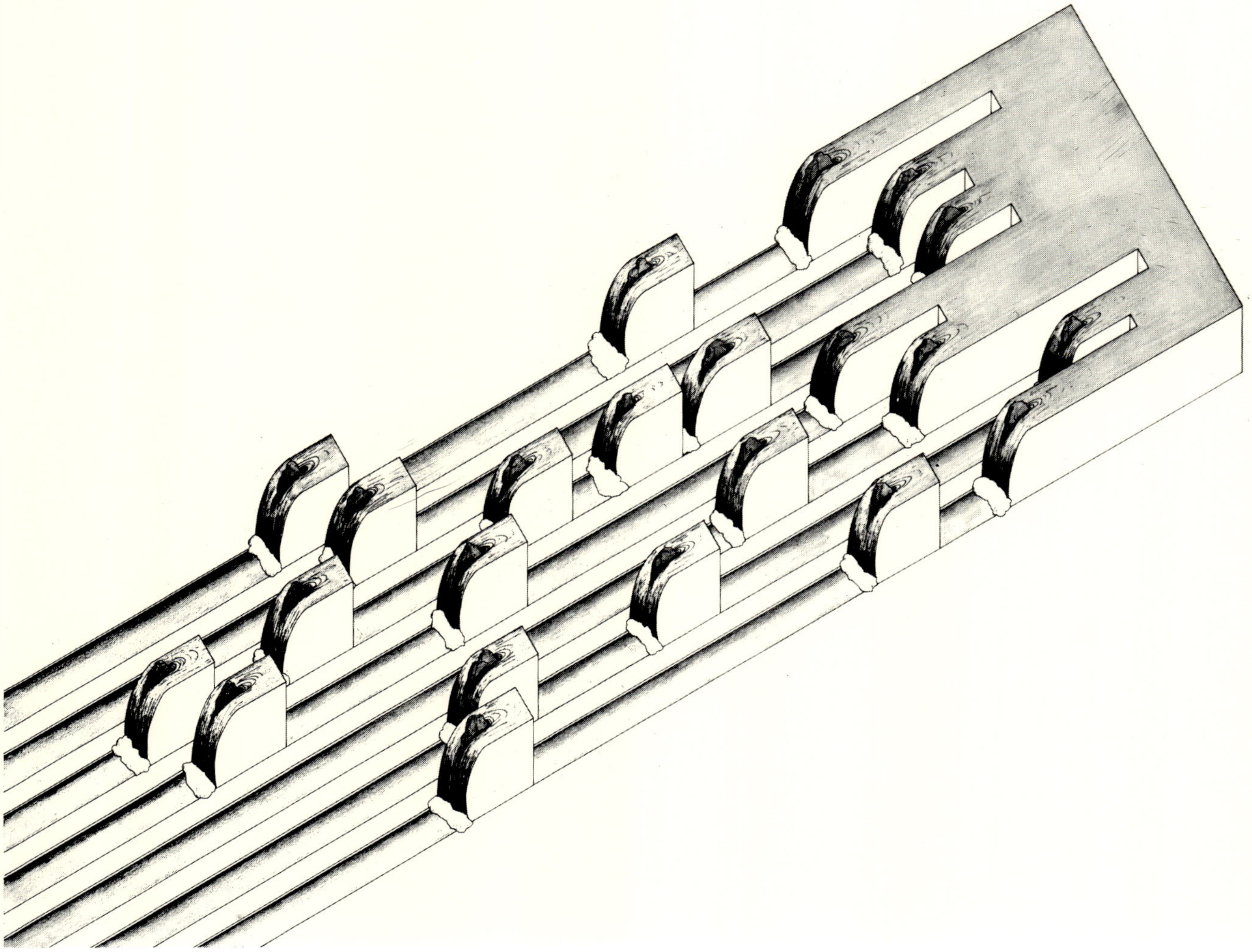

Wege durch zerschnittene und vervielfältigte Wasserfälle.

Paths through waterfalls, sliced and replicated.

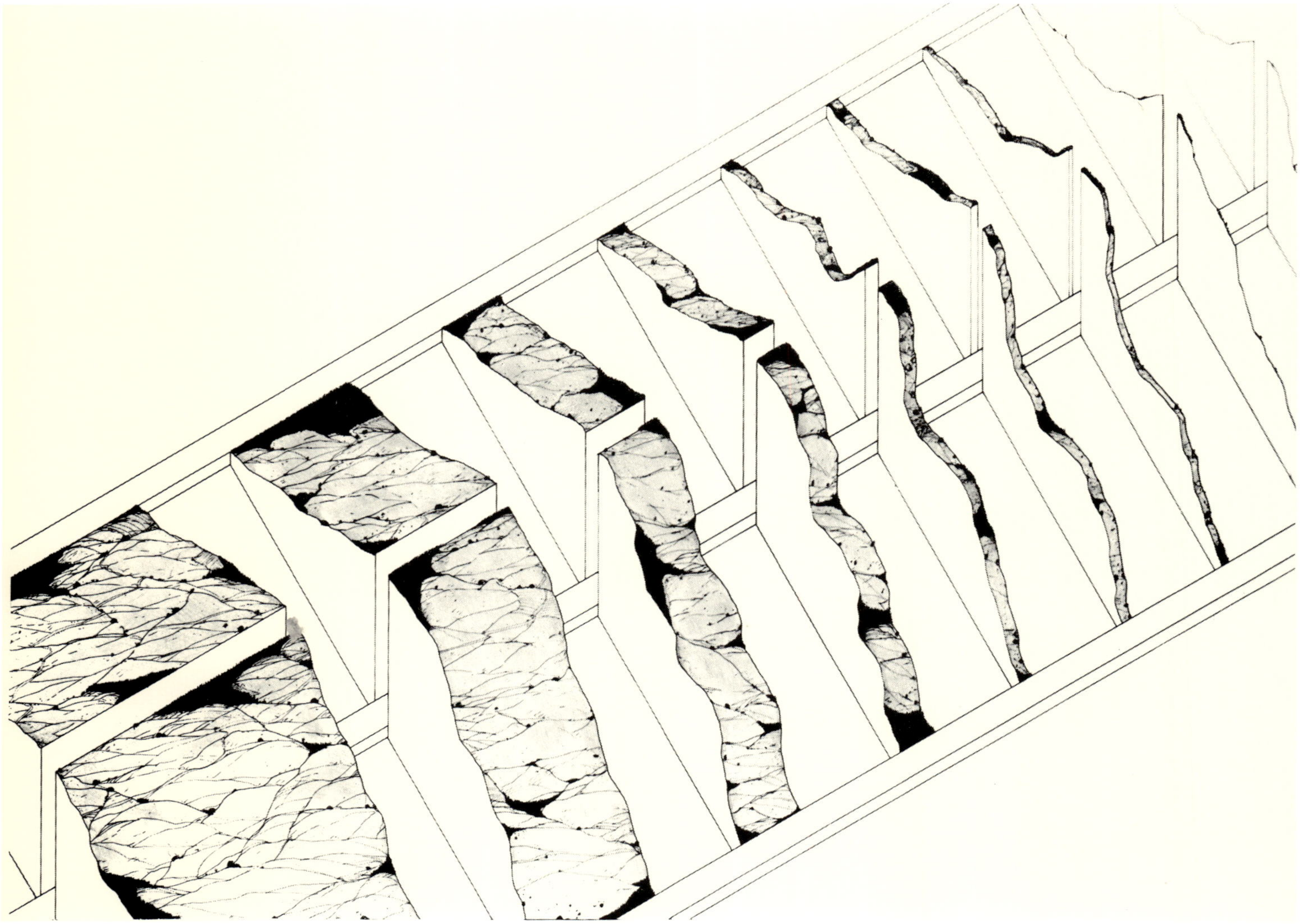

Weg durch einen Hügelzug, der in immer schmäler werdende Teile zerschnitten ist.

Path through a cahin of hills cut into progressively thinner slices.

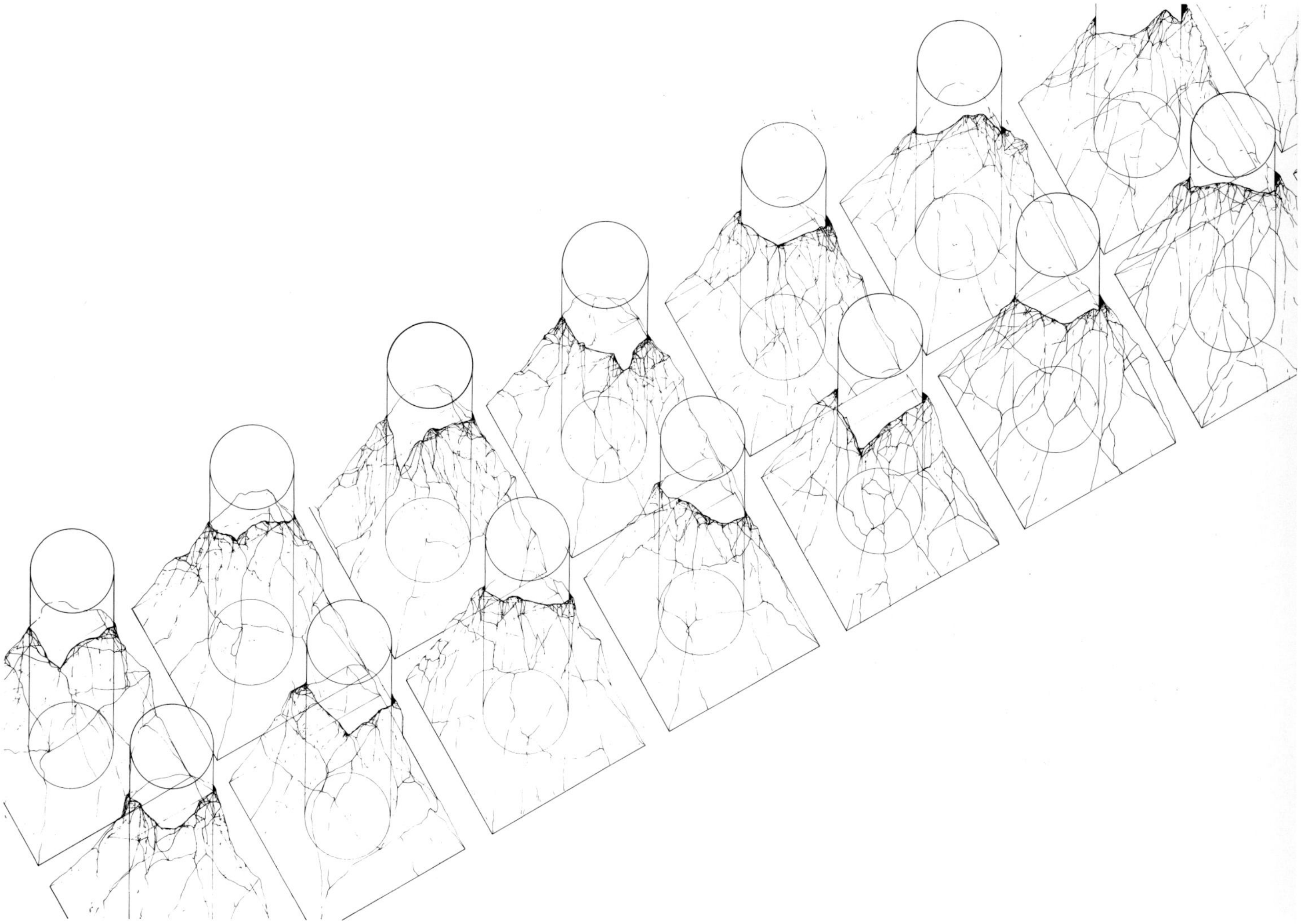

Burgenweg.

Castle path.

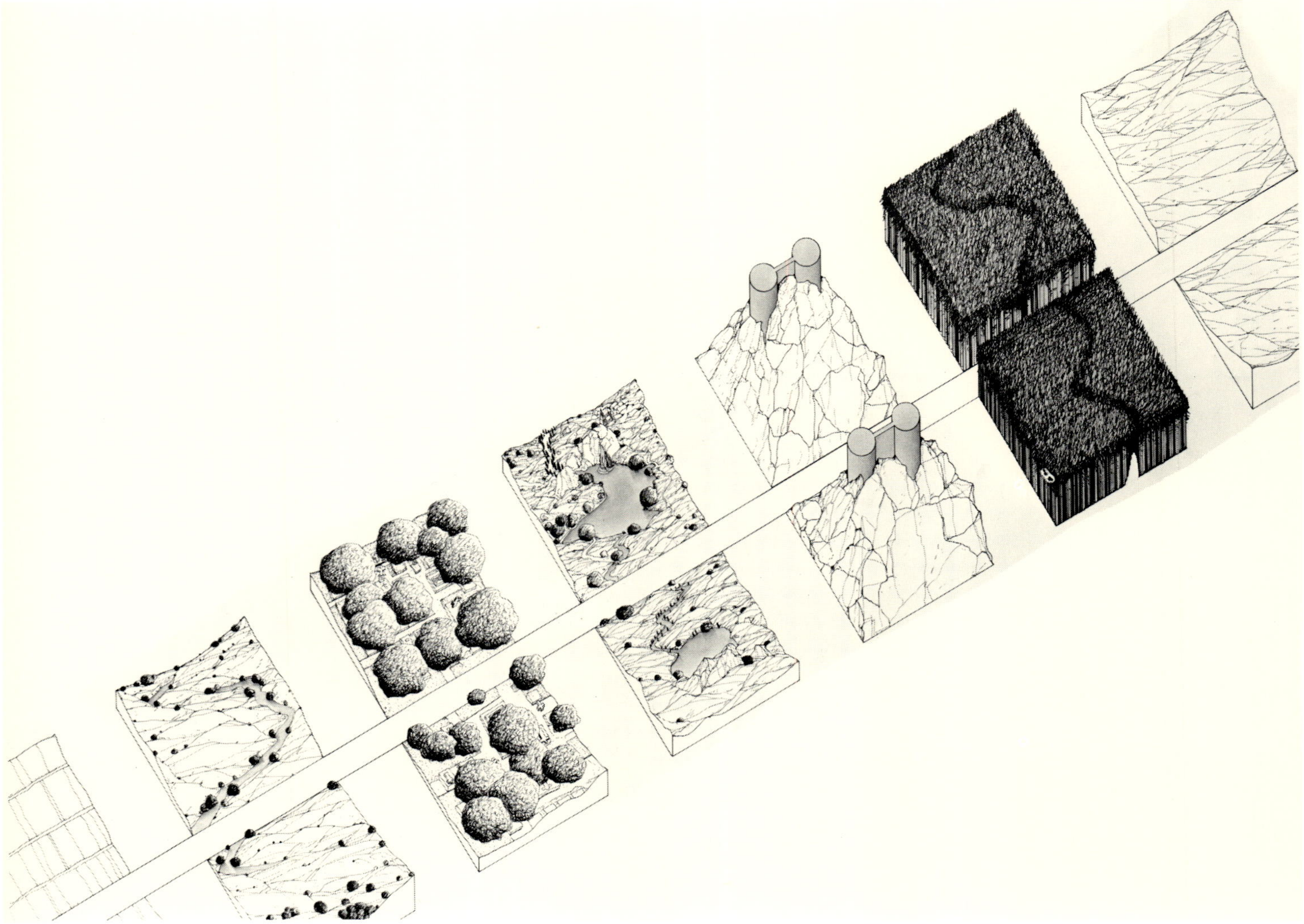

Weg durch Landschafts- und Architekturzitate, Weg der Stimmungen. Wie ein Tagesverlauf: den Vormittag über ist man ein kühler Rechner, vorübergehende Müdigkeit macht einen zum Gleichgültigen, man wartet auf jemand, macht Pläne, man sieht einen Film und treibt auf geborgten Stimmungen, man wird zum Romantiker, dann wieder zum Enttäuschten. Für jede Stimmung ein Landschaftsteil.

Path through scenic and architectural quotations, alternating in mood like the course of a day: in the morning cool-headed calculation; then temporary drowsiness, tending toward apathy; waiting for someone; making plans; seeing a film, stirring up borrowed emotions; romanticism, followed by disappointment. Each mood has its own parcel of landscape.

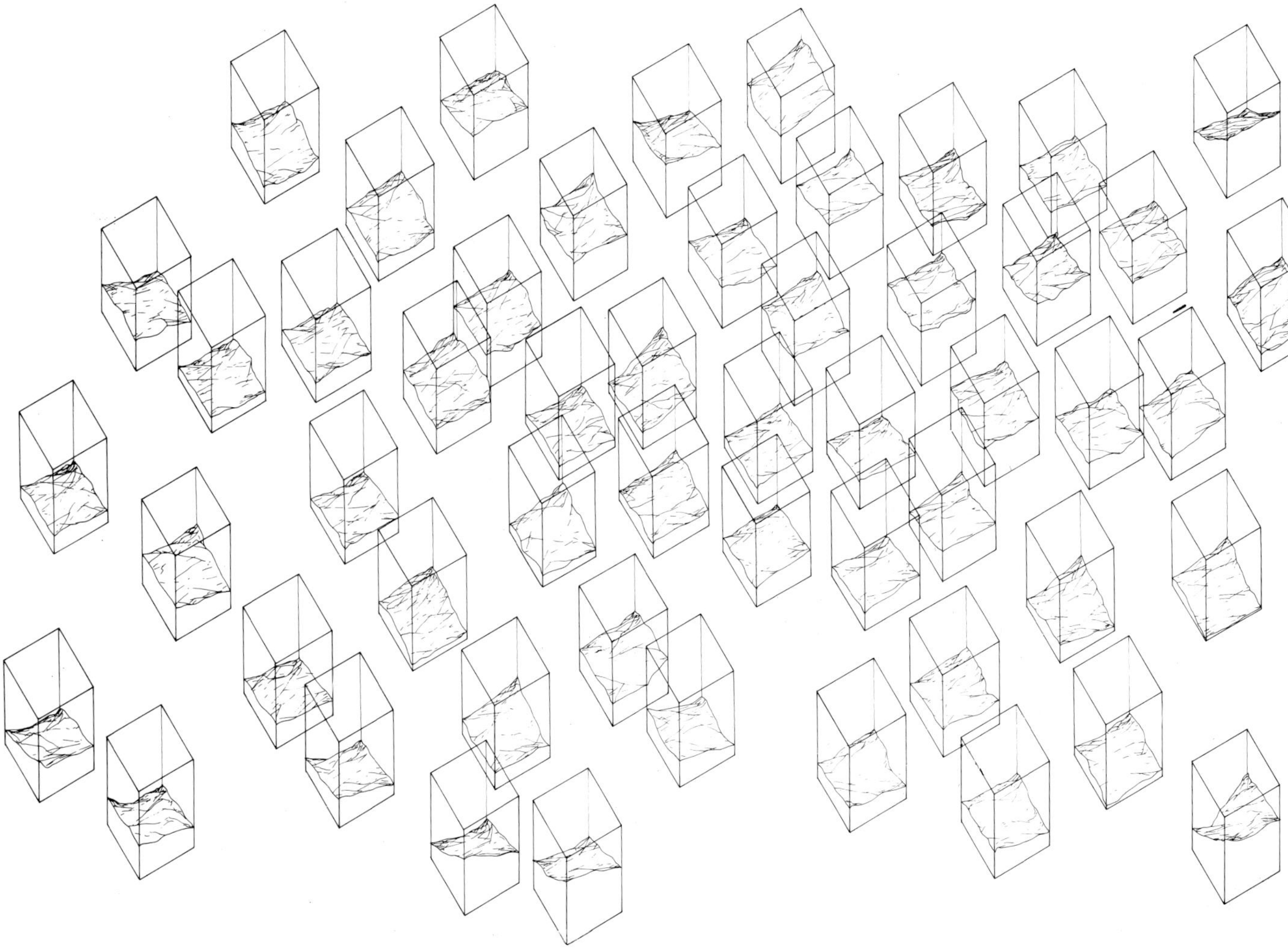

»Ich würde eines Tages eine Schwelle überschreiten, in einen Park hinein, der riesengroß sei, ja unendlich, eine Schönheit, ein kunstvoller Einfall reihe sich in diesem Park an den andern. Pflanzen und Musik wechselten in seiner Natur auf die wundervollste Weise mathematisch und dem Gehör aufs äußerste zuträglich bis in die höchsten Vorstellungen der Verfeinerung hinauf ab: aber durchwandern, also ausnützen, könne ich diesen Park überhaupt nicht, denn er bestehe aus tausenderlei kleinen und kleinsten quadratischen und rechteckigen und kreisförmigen Inselchen, Rasenstücken, die so für sich seien,

›One day I will cross a threshold opening into a gigantic, nay infinite park, with beauty upon beauty, artifice upon artifice. Nature in this park alternates vegetation with music in the most marvelous fashion – mathematically, and yet extremely ingratiating to the ear – reaching the loftiest realms of subtlety and refinement. But to wander through this park, to enjoy it, is absolutely impossible, for it consists of thousands upon thousands of tiny, infinitesimal islets of rectangular, quadratic or circular shape, patches of lawn so isolated that I could never leave the one I happened to be standing on. As I imagine it,

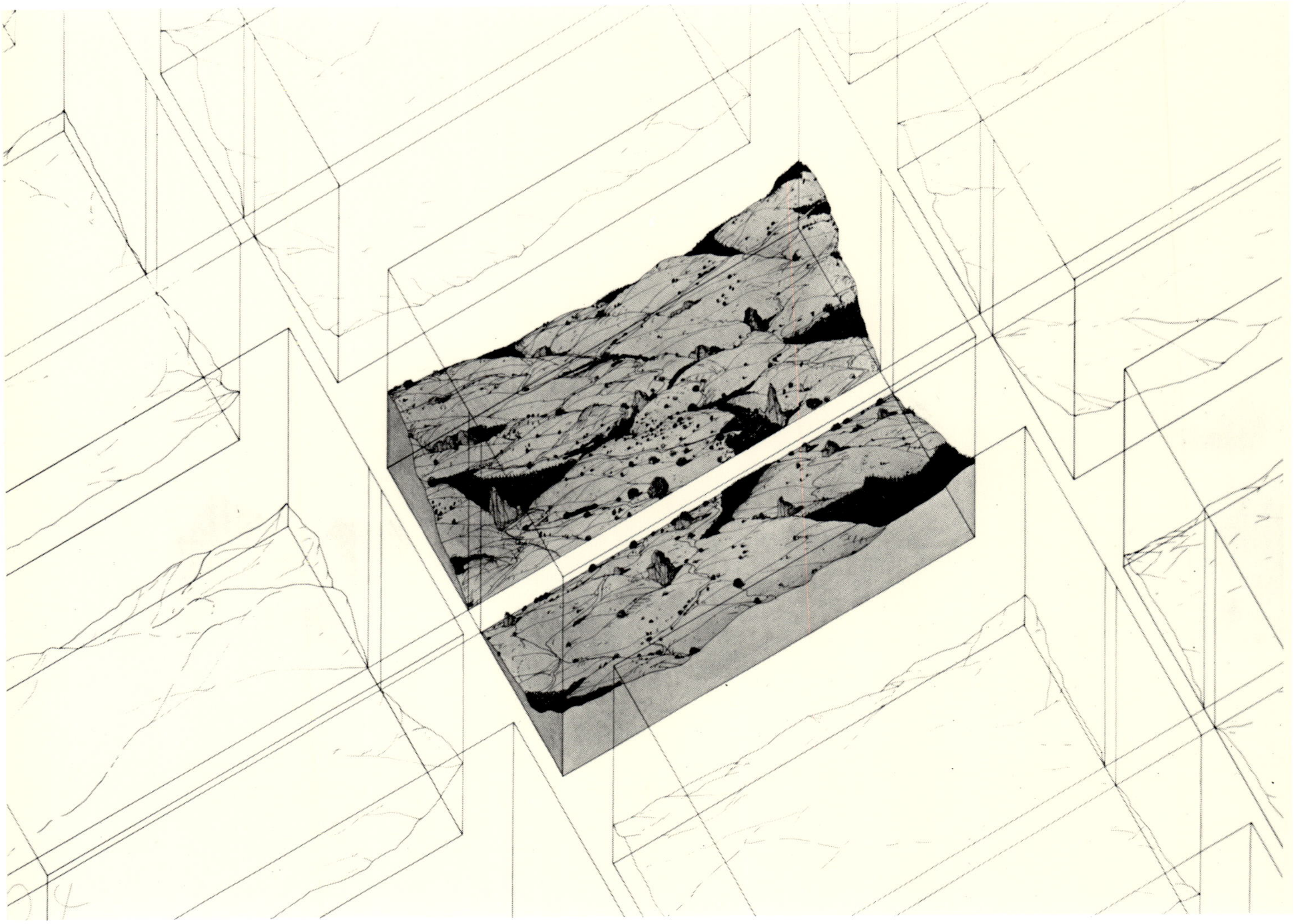

daß ich dasjenige, auf dem ich stände nicht verlassen könne. Immer ist gerade soviel und so tiefes Wasser dazwischen, daß es unmöglich ist, von einer Insel auf die andere zu gelangen. In der Vorstellung, die ich habe. Auf dem Rasenstück, auf das man, man weiß nicht wie, gelangt ist, auf dem man, man weiß nicht wodurch, aufgewacht ist und auf dem man zu bleiben gezwungen ist, ginge man endlich zugrunde, sterbe auf ihm an Hunger und Durst. Die Sehnsucht, den ganzen Park ausschreiten zu können, tötet einen« (aus Thomas Bernhard ›Frost‹)

between these islands there is just enough water of just sufficient depth to prevent someone from ever crossing to another. Standing on the patch of lawn we happen to have reached – but how? – and on which we are awakened – by what? – and upon which we are condemned to remain, we eventually perish of hunger and thirst. The yearning to walk the full length of this park is lethal.« (Thomas Bernhard »Frost«)

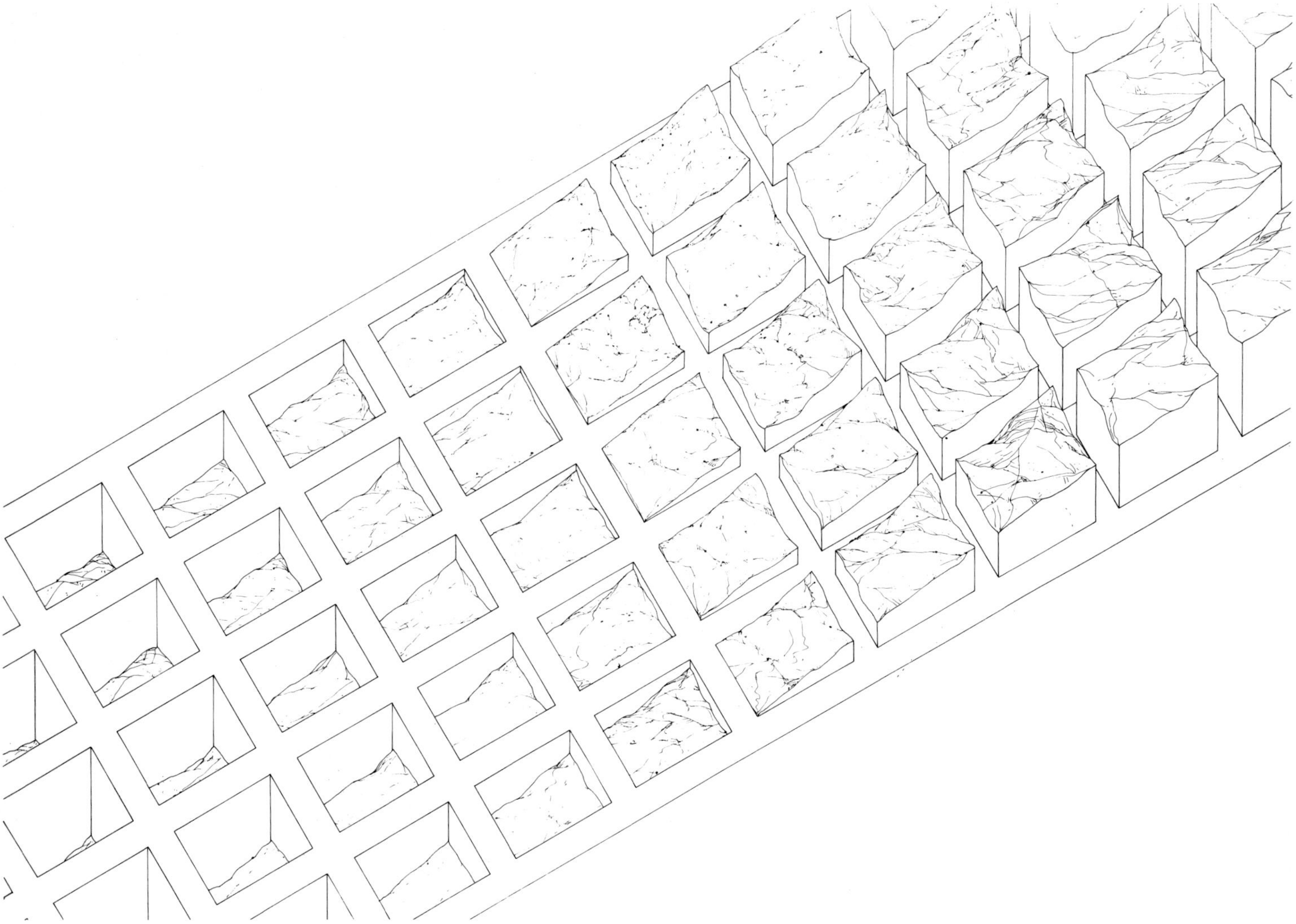

Regelmäßige Parkform.

Park with orderly structure.

Parkform mit zerfallener Ordnung.

Park falling into disarray.

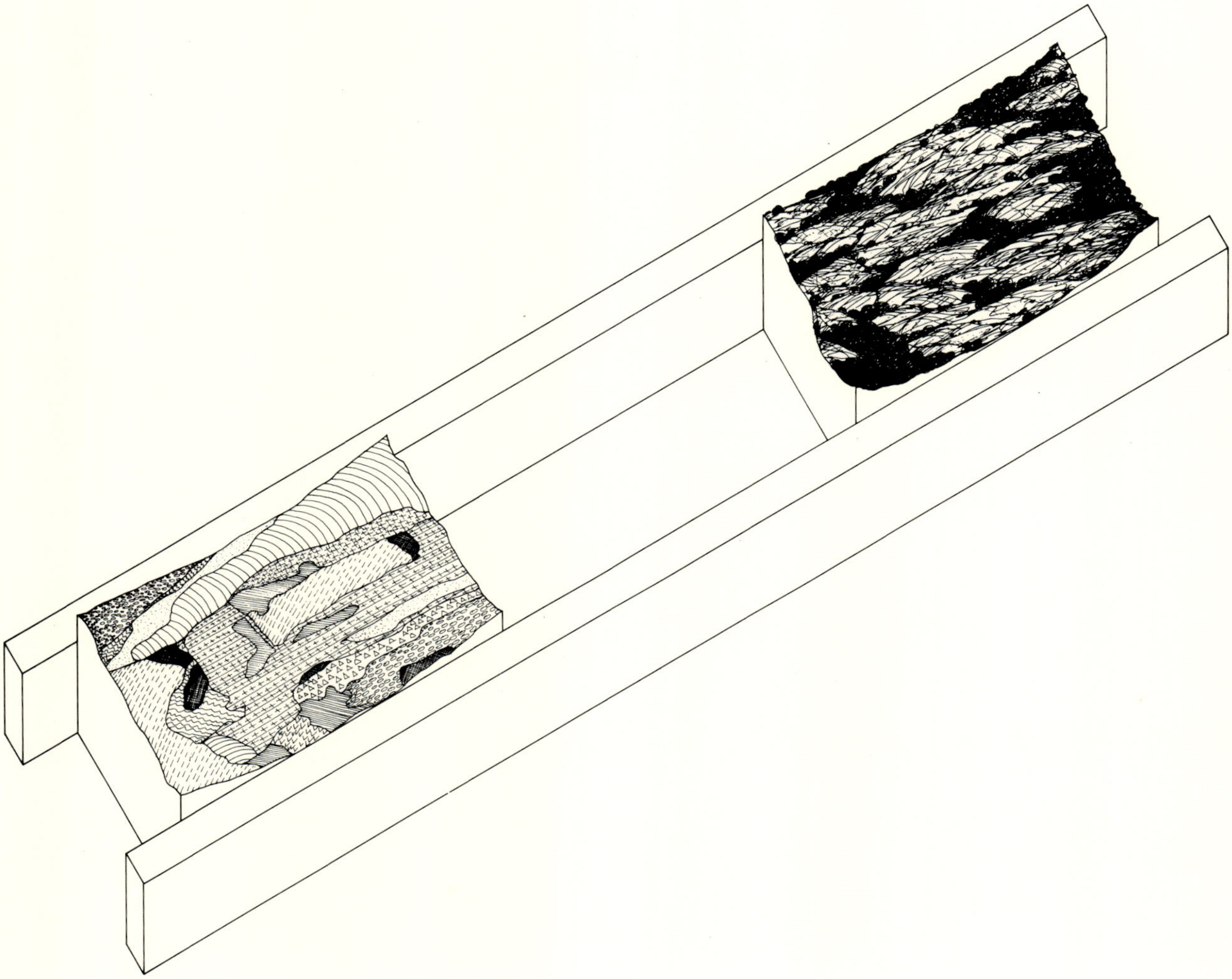

Zwei Sehweisen, gebaut.

Two visual modes, structured.

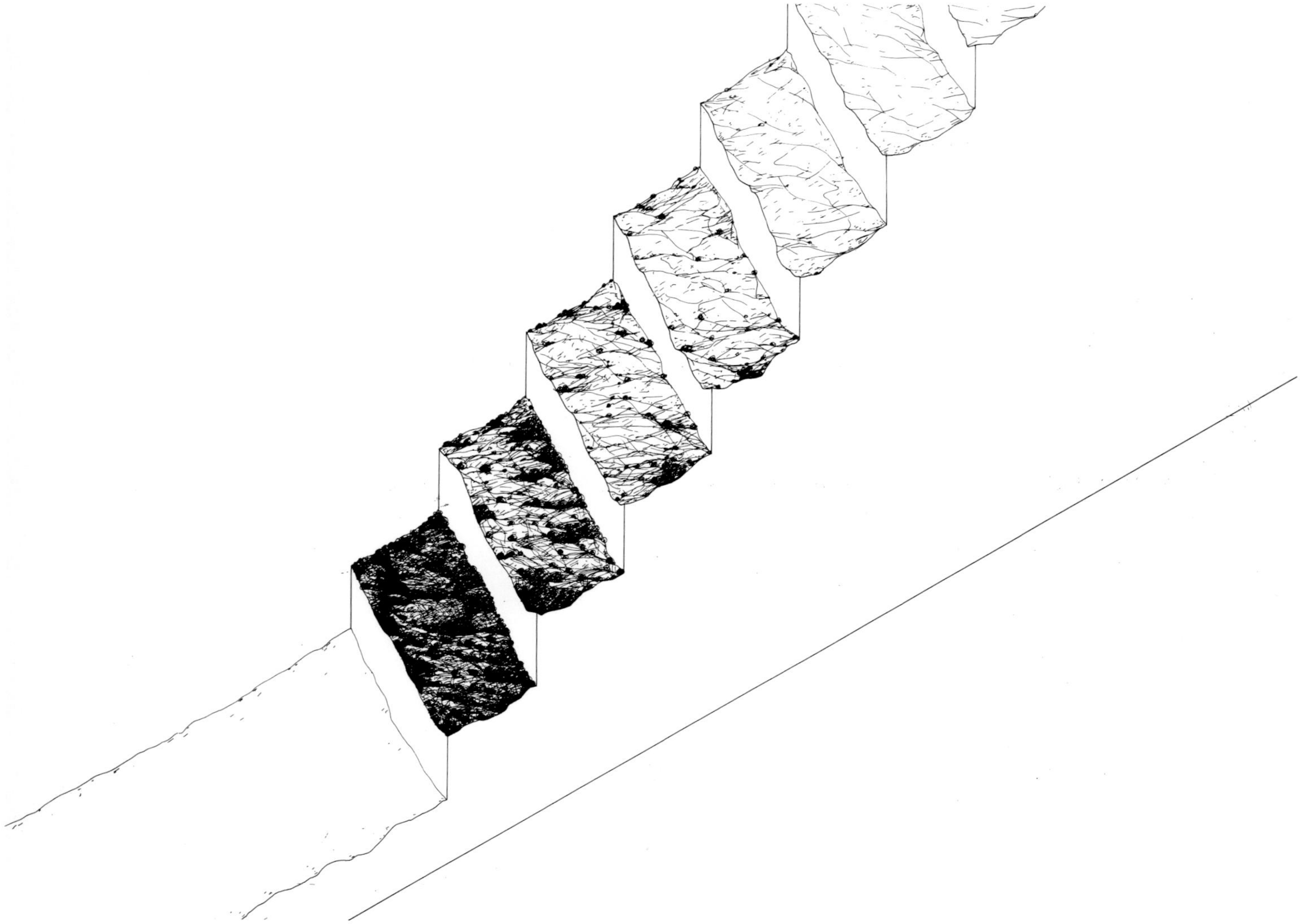

Entwicklungsstufen, gebaut.

Evolutionary stages, structured.

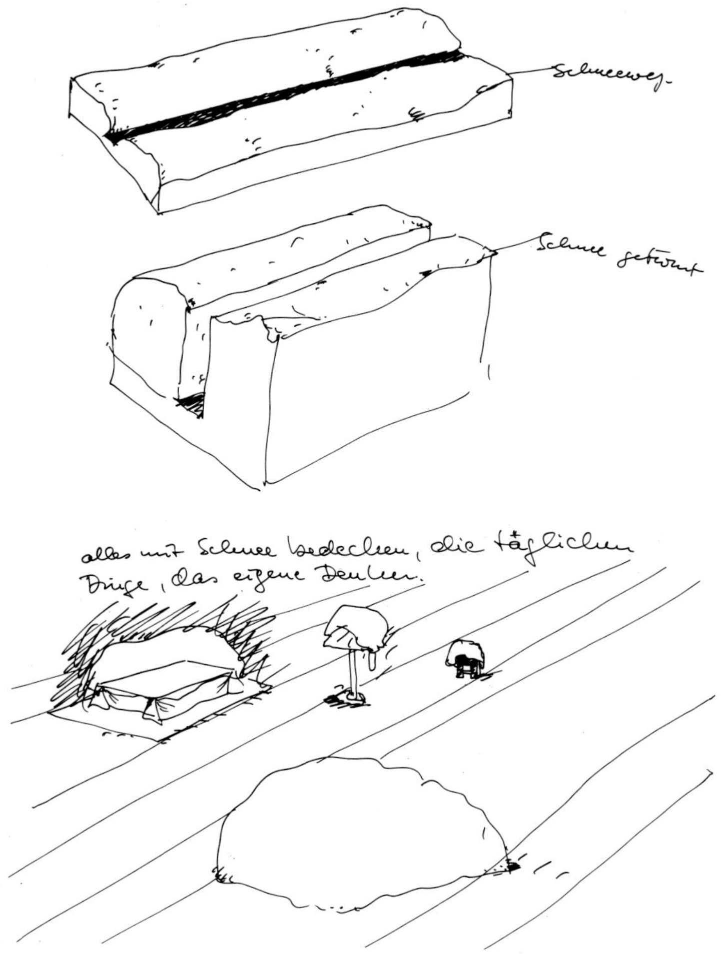

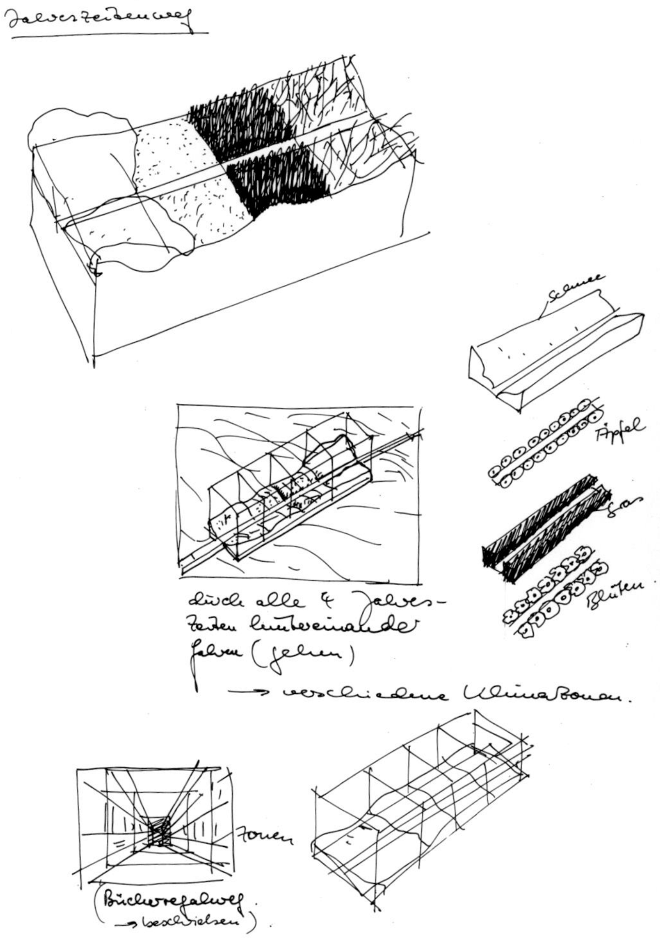

Weg, auf dem sich die Temperatur ändert, das Wetter, die Tageszeit, die Schrift, die Sprache, die Kultur, die Kunst, die Technik. Weg, auf dem sich die Geräusche ändern, die Gerüche. Romantischer Weg durch Felsschluchten an Wasserfällen und Winterwäldern vorbei, durch wogende Kornfelder bei Sonnenuntergang. Weg vorbei an allen Sehenswürdigkeiten der Welt. Weg einer Fliege im Raum. Weg vorbei an den höchsten Bergen der Welt. Weg durch verschiedene Länder, zu verschiedenen Zeiten. Weg vom Abstrakten zum Konkreten. Weg durch verschiedene Stimmungen. Weg, der Wellen wirft und pulsiert.

Path with changing temperature, weather, time of day, alphabet, language, culture, art, technology. Path with changing noises, smells. Romantic path through mountain gorges, passing waterfalls and winter forests, through undulating fields of grain at sunset. Path passing all the landmarks of the world. Path of a fly in space. Path passing the highest mountains of the world. Path leading through various countries in various ages. Path from the abstract to the concrete. Path through various moods. Path which creates waves and pulsates.

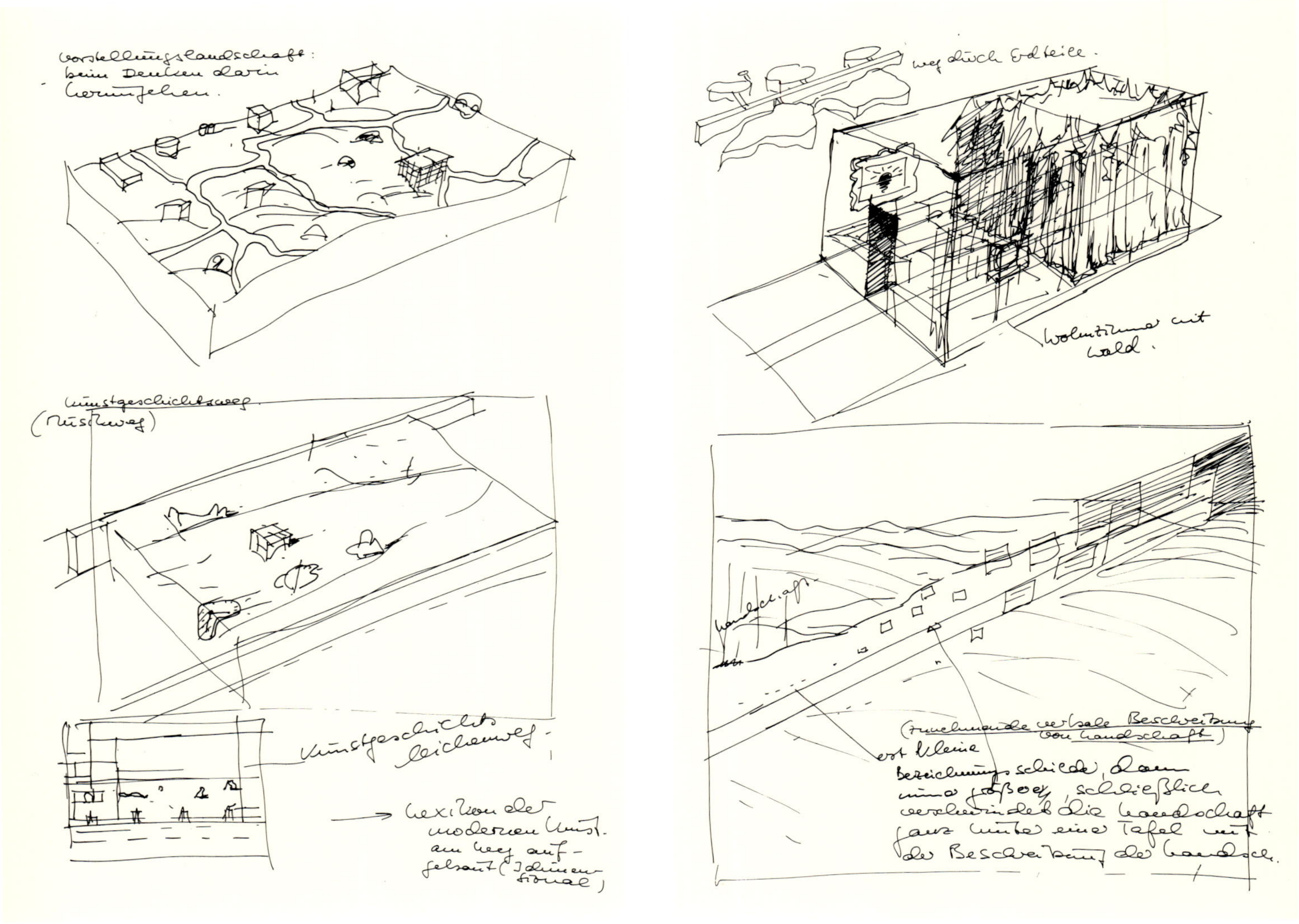

Vorstellungsweg, Kunstgeschichtsweg, Weg, mit zunehmender verbaler Beschreibung der Landschaft, durch die er führt. Weg, an dem die begleitenden Gegenstände langsam von Moos und Efeu überwachsen werden und schließlich verfallen. Alle Wege der Erde hintereinandergelegt.

Image path, art history path, path with increasingly verbal description of the landscape it traverses. Path whose accompanying objects are gradually covered in moss and ivy, ultimately crumbling altogether. All the paths of the world laid end-to-end.

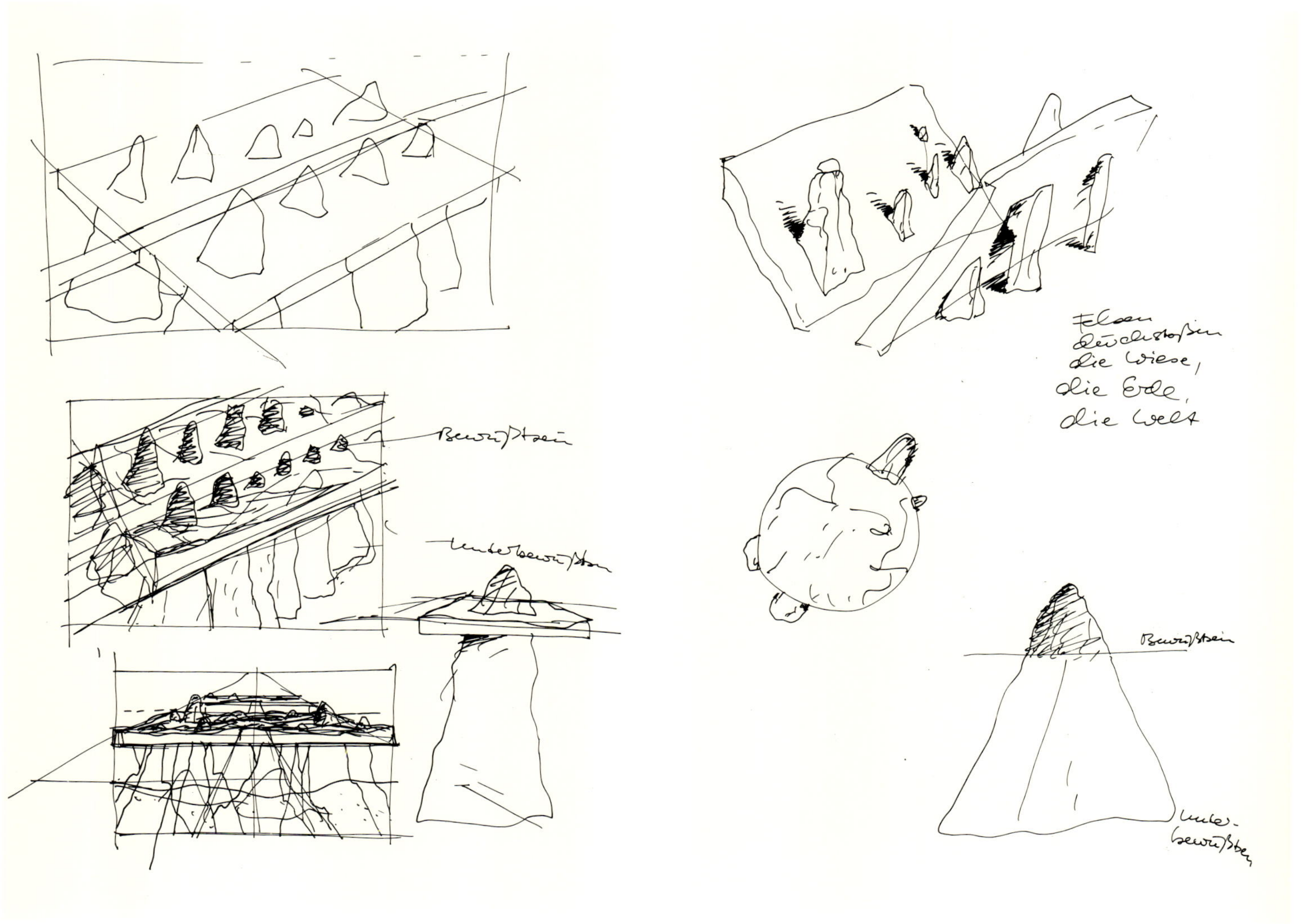

Wege durch das Unterbewußtsein der Landschaft.

Paths leading through the subconscious of the landscape.

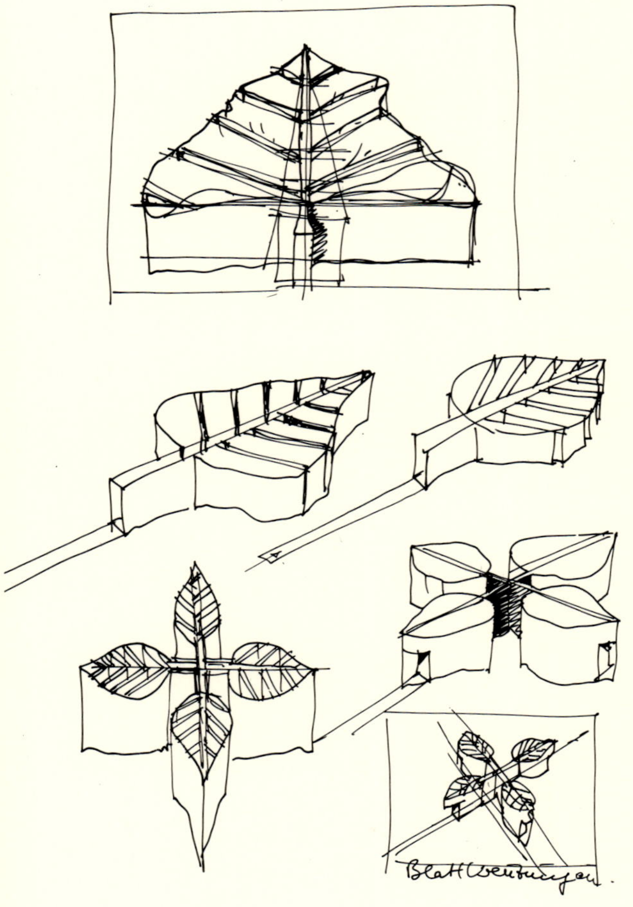

Blattwege und Blattkreuzungen.

Leafpaths and leafcrossings.

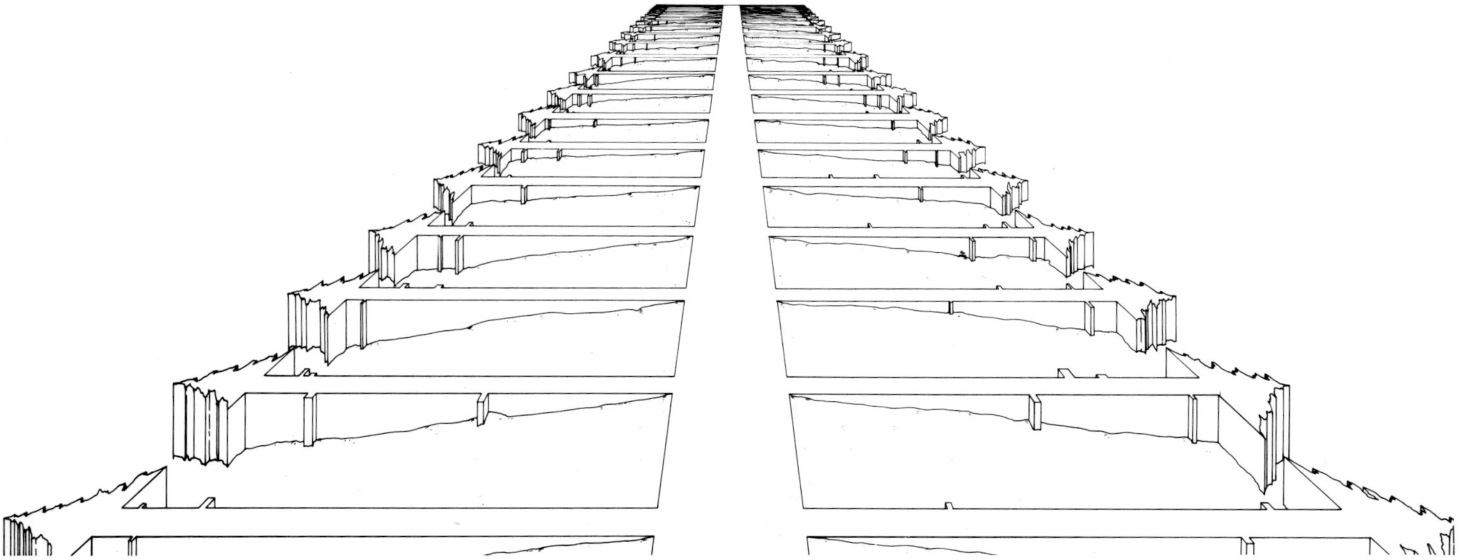

Weg durch eine in die Horizontale geklappte Allee.

Path leading through a bifurcated avenue.

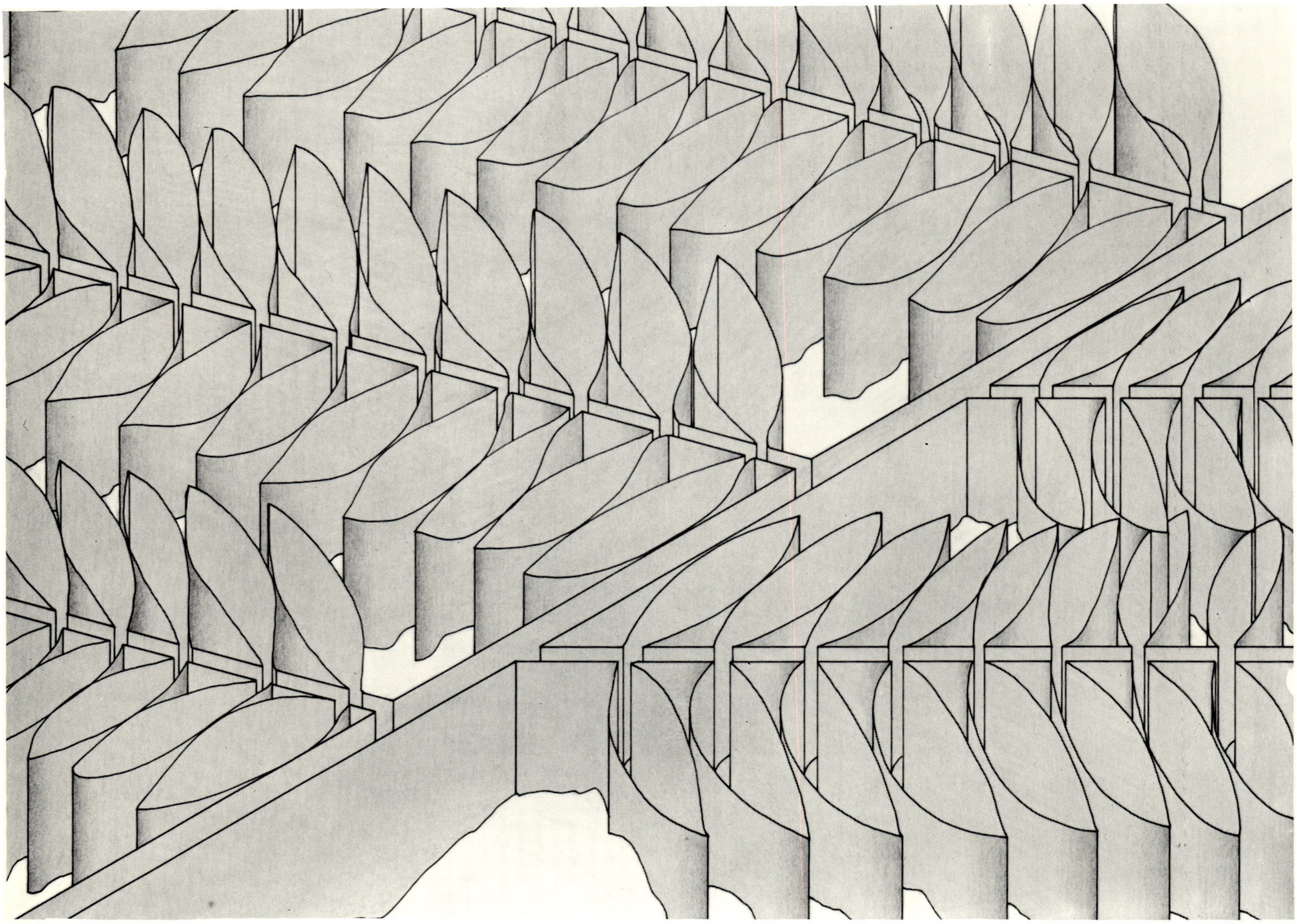

Weg durch einen Ast mit abzweigenden Blatträumen.

Path through a branch with ramified leafspaces.

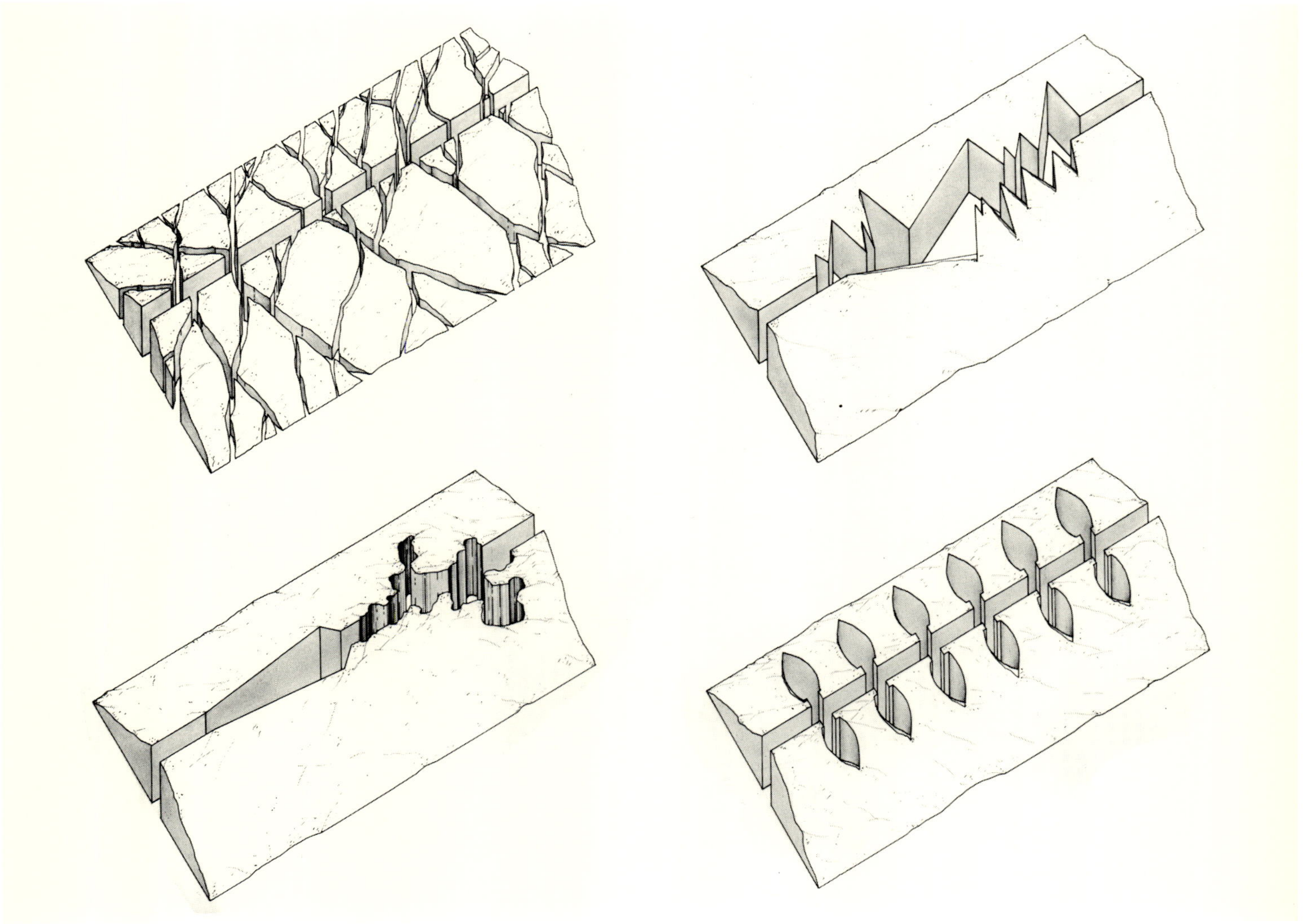

Wegbauten wie Prägestöcke.

Path structures in the form of machine dies.

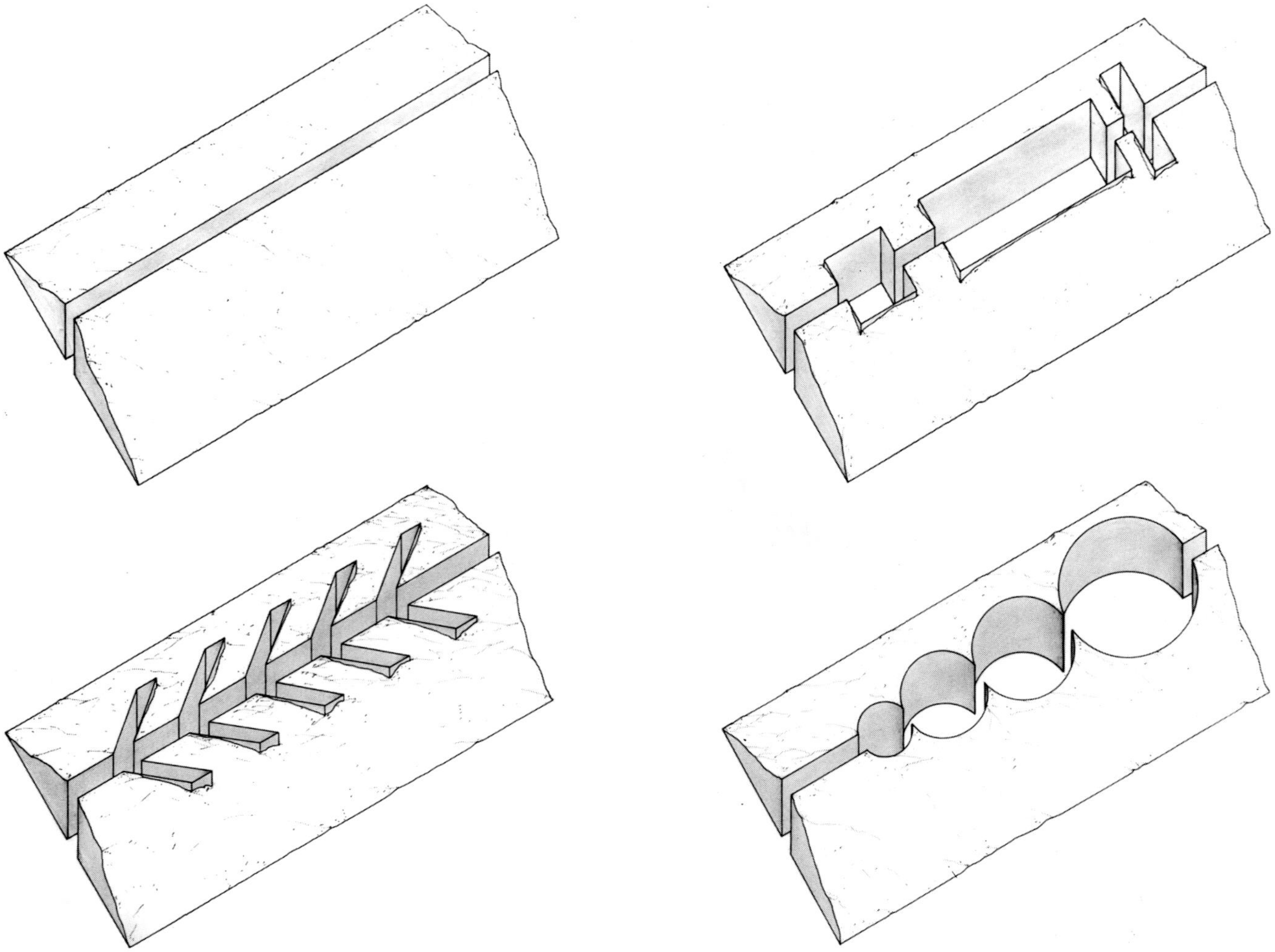

Der äußere Weg gräbt sich beim Erleben in das Gehirn. Der Weg wird in die Vorstellung hinein verdoppelt.

The external path, once experienced, imprints itself into the brain and is duplicated in the imagination.

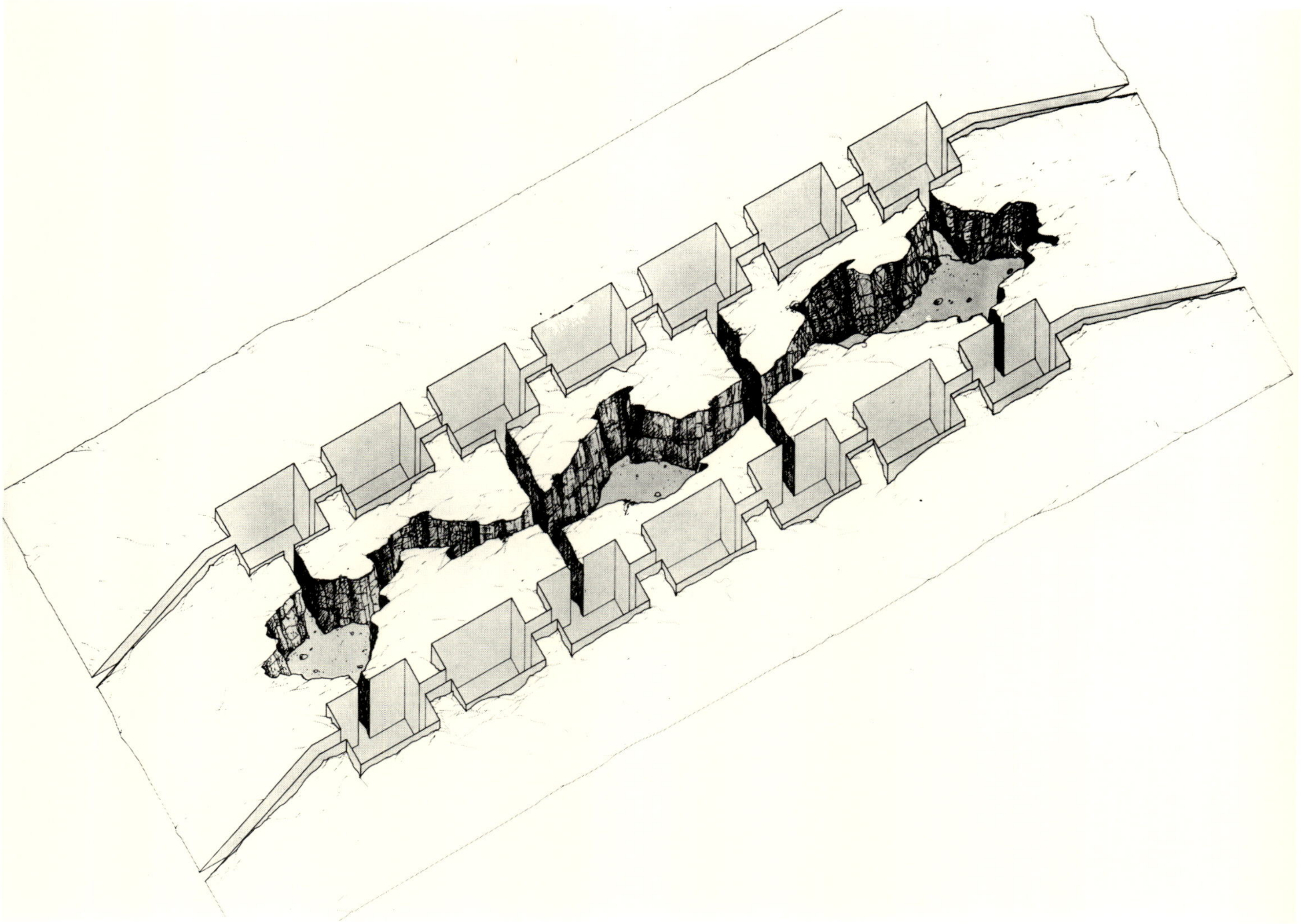

Wegraumfolge.

Pathspaces in succession.

Wege durch Raumfolgen mit bewußtseinserweiternden Anbauten.

Paths leading through successive spaces with consciousness-expanding annexes.

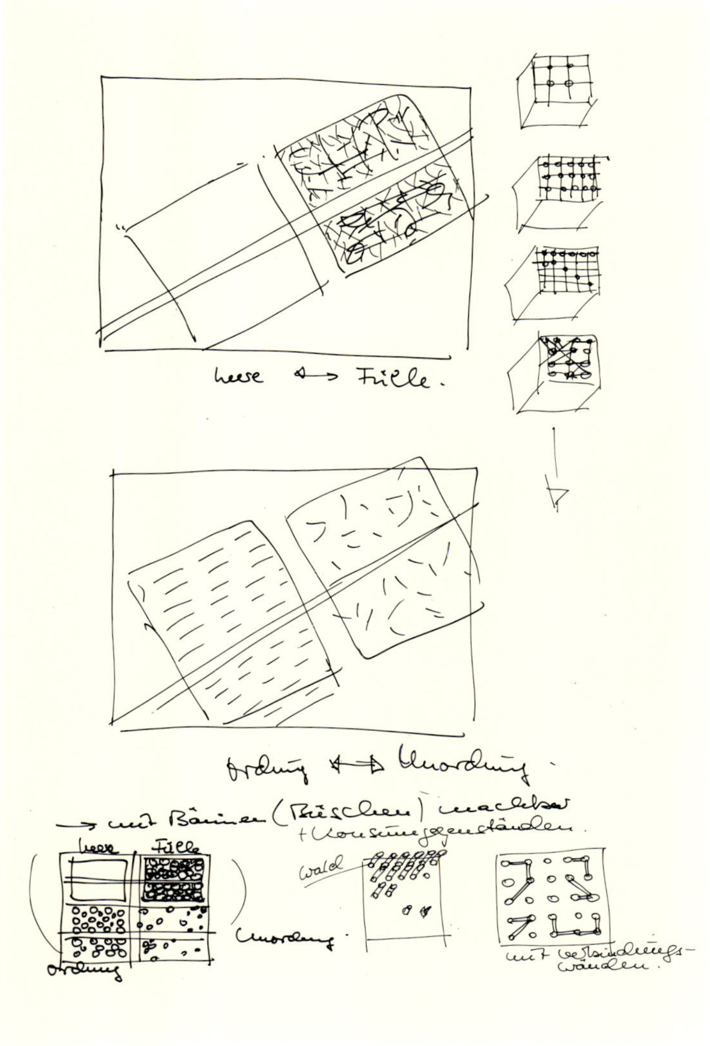

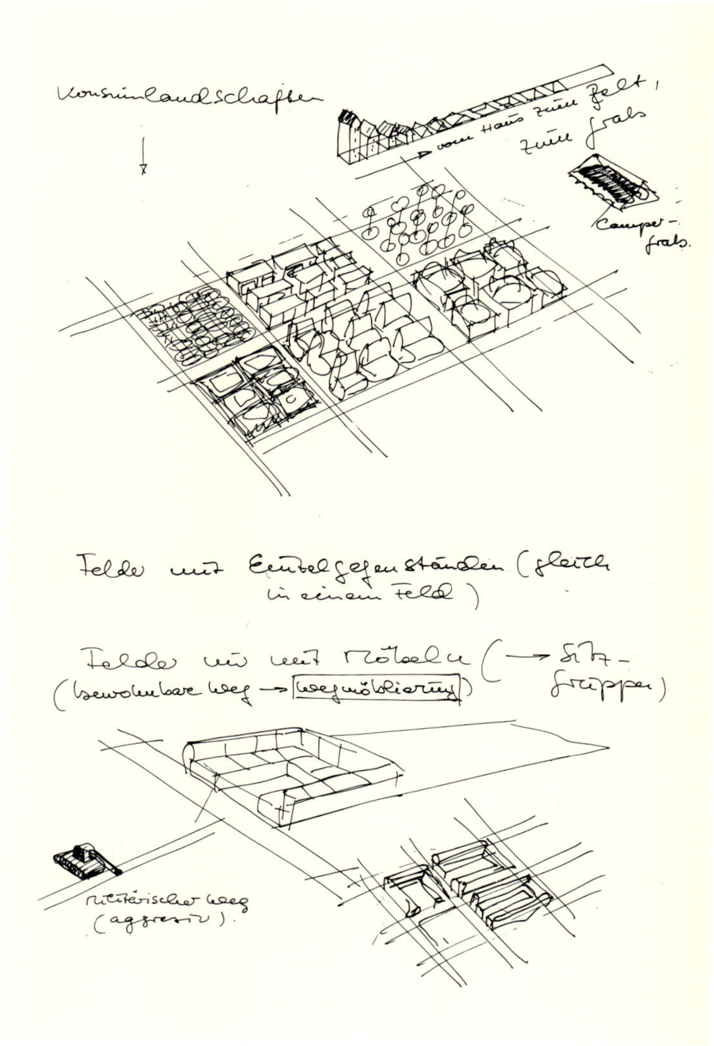

Weg durch Konsumlandschaften, bewohnte Wege. Leere und Fülle. Armut und Reichtum.

Path through consumer landscape, habitable paths. Emptiness and plentitude. Poverty and riches.

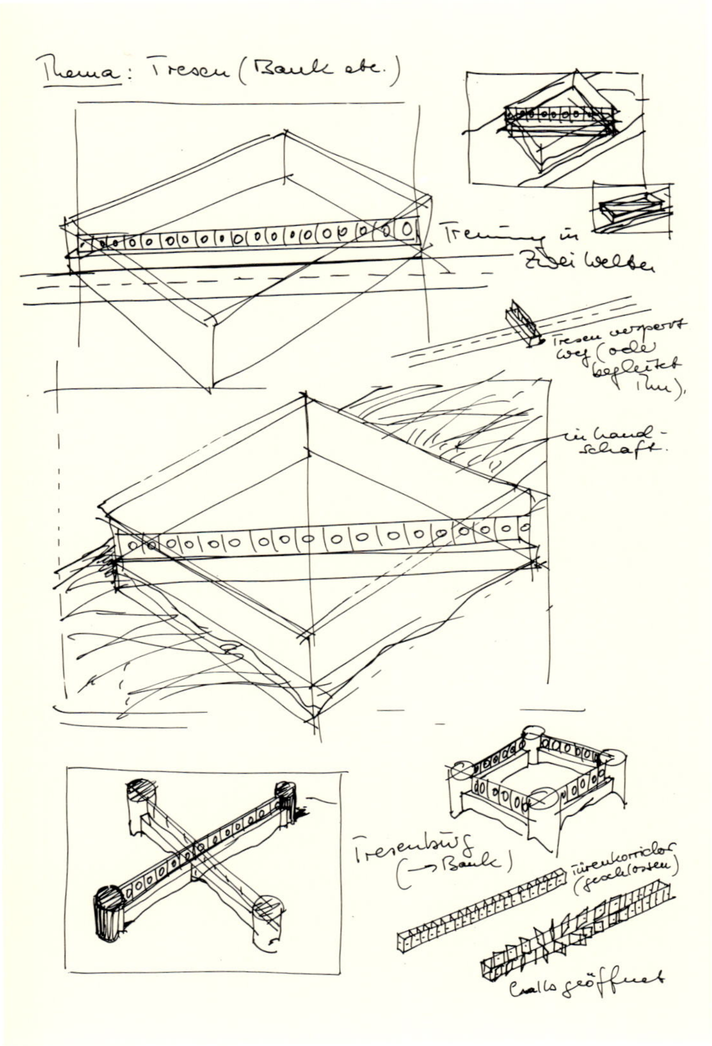

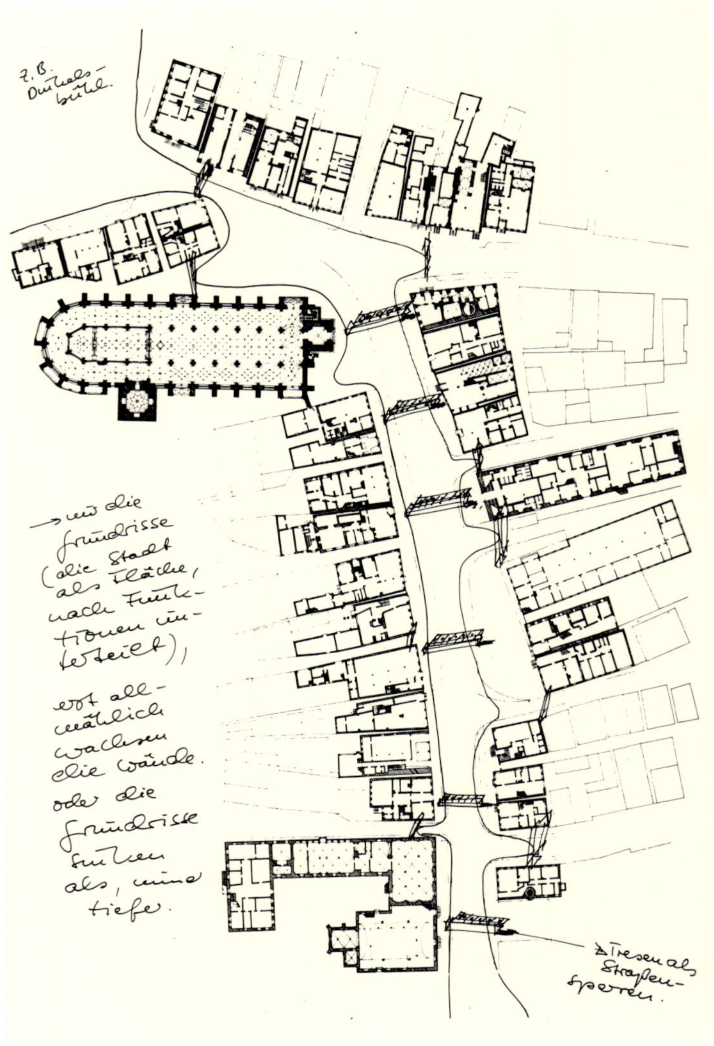

Tresen (Bank, Versicherung etc.) als Straßensperren und als Burg.

Safety deposit boxes (in banks, insurance companies etc.) as barricades and as castle.

Architekturweg.

Architectural path.

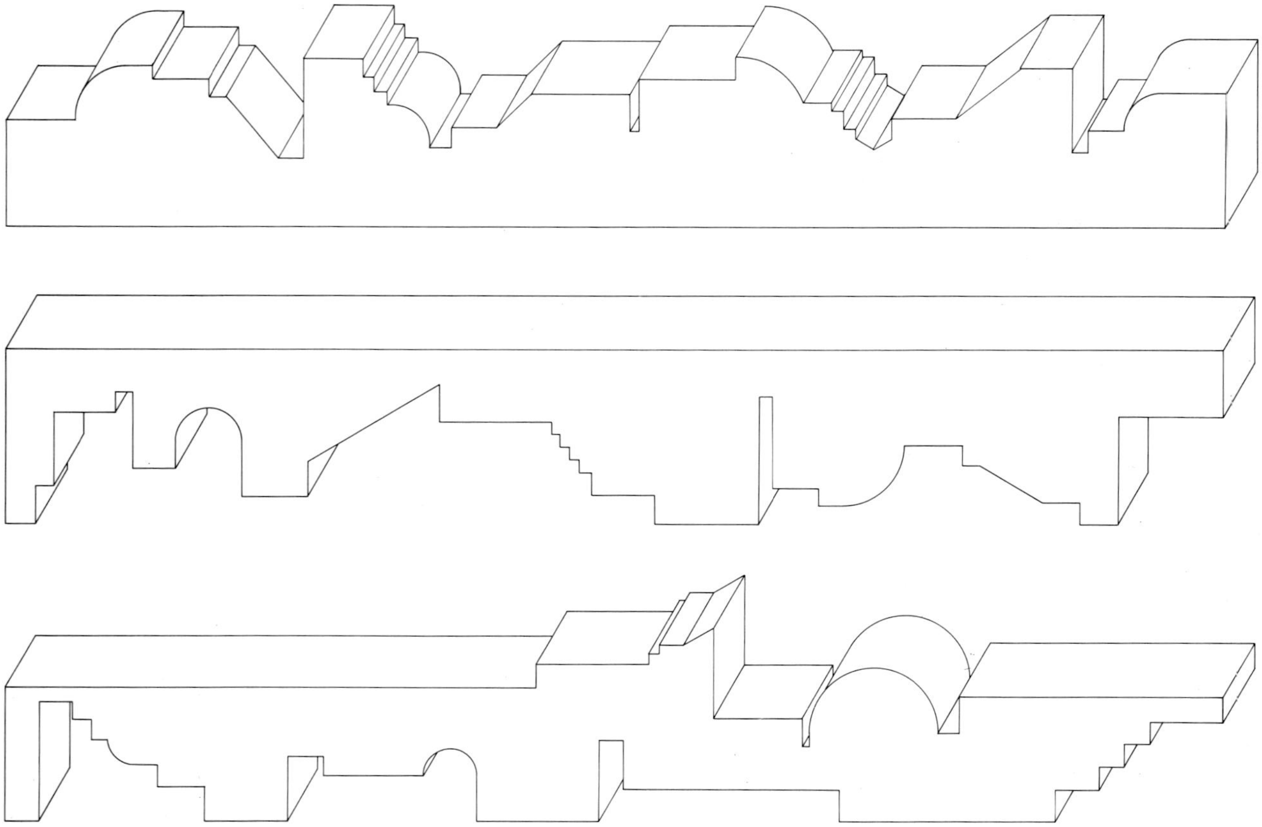

Statistischer Architekturweg (gebaute Statistik).

Statistical architectural path (structured statistics).

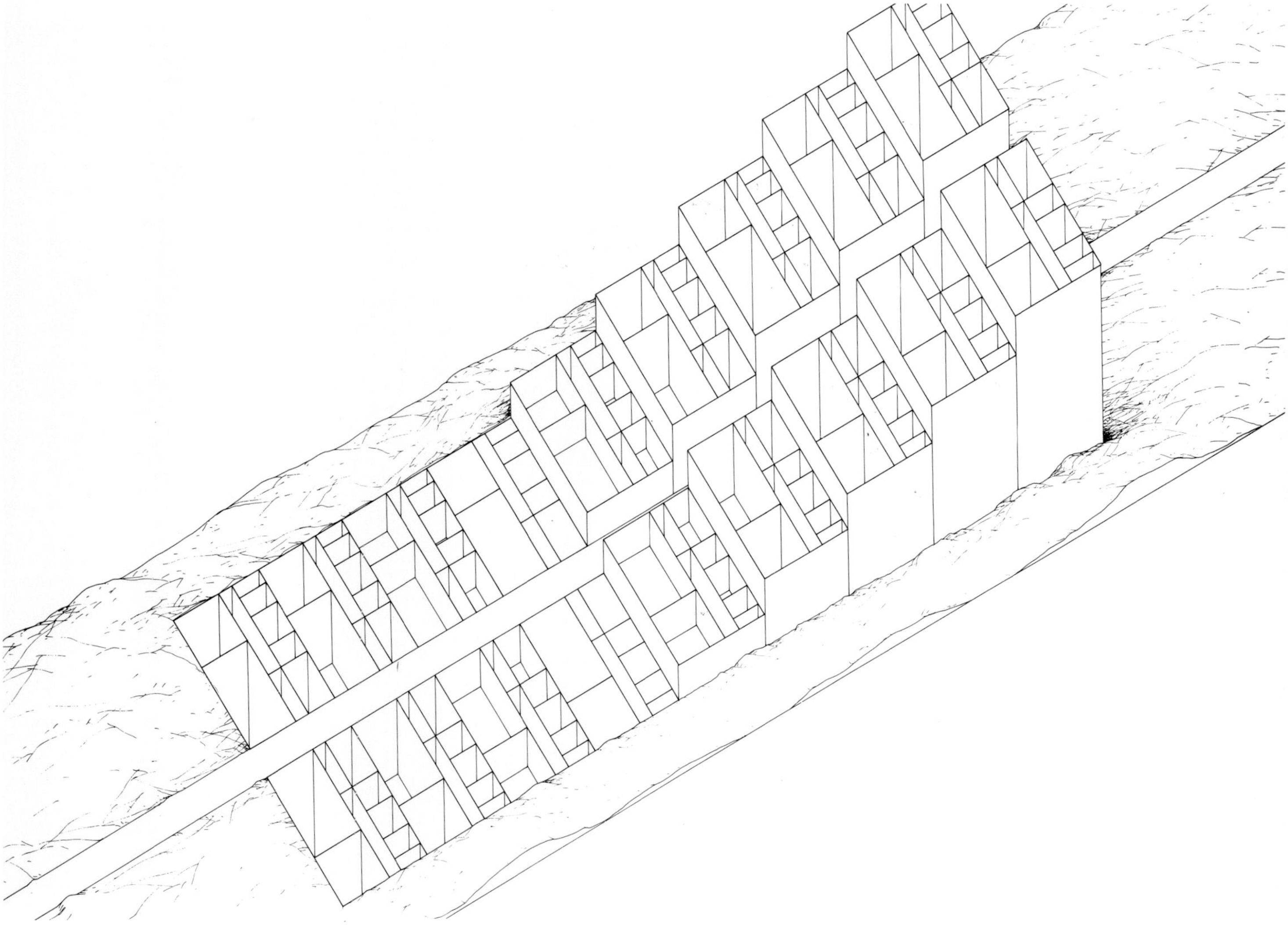

Weg durch wachsende Gebäude.

Path leading through growing buildings.

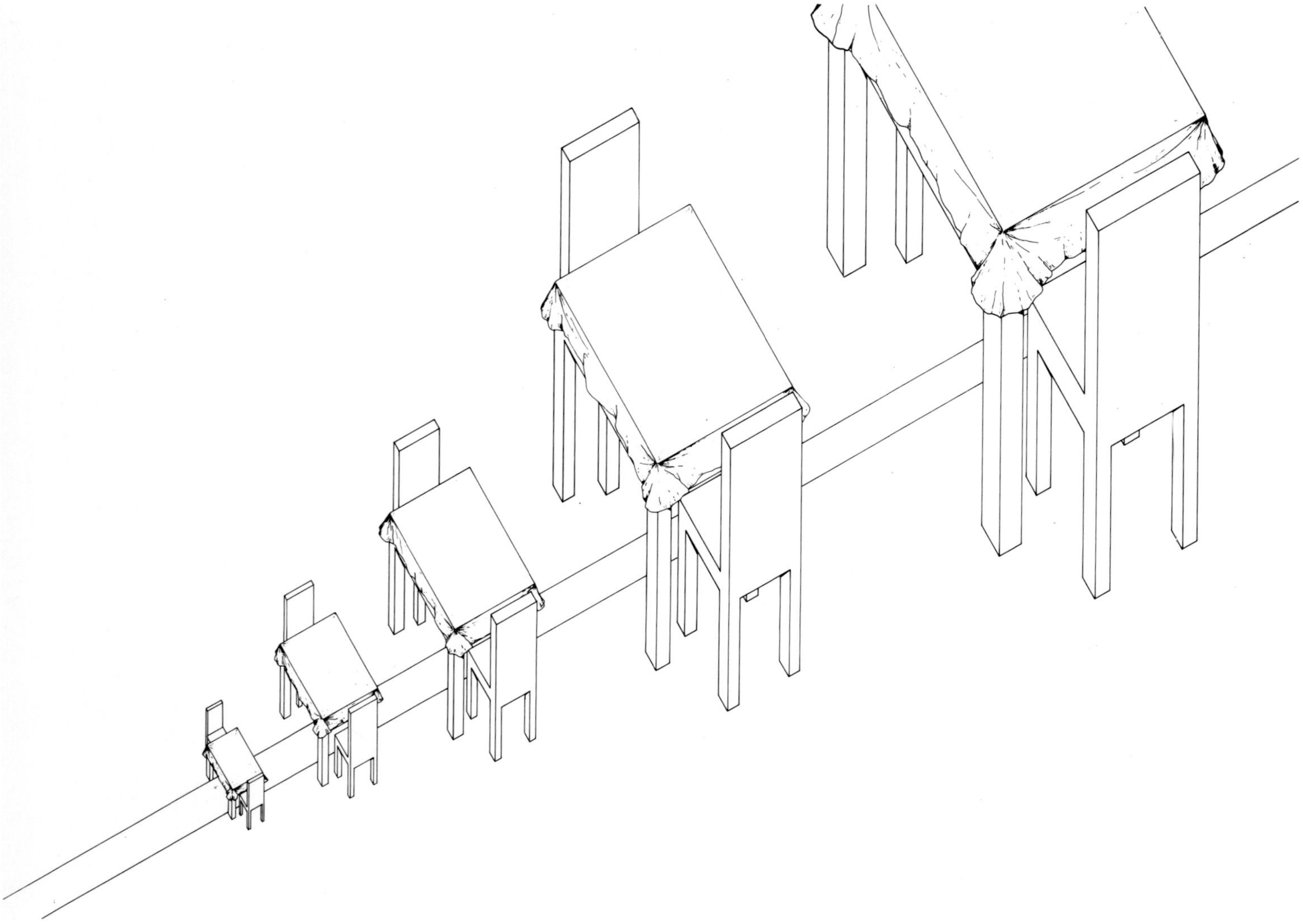

Weg unter maßstäblich vergrößerten Tischen mit Stühlen hindurch.

Path leading beneath proportionately enlarged tables and chairs.

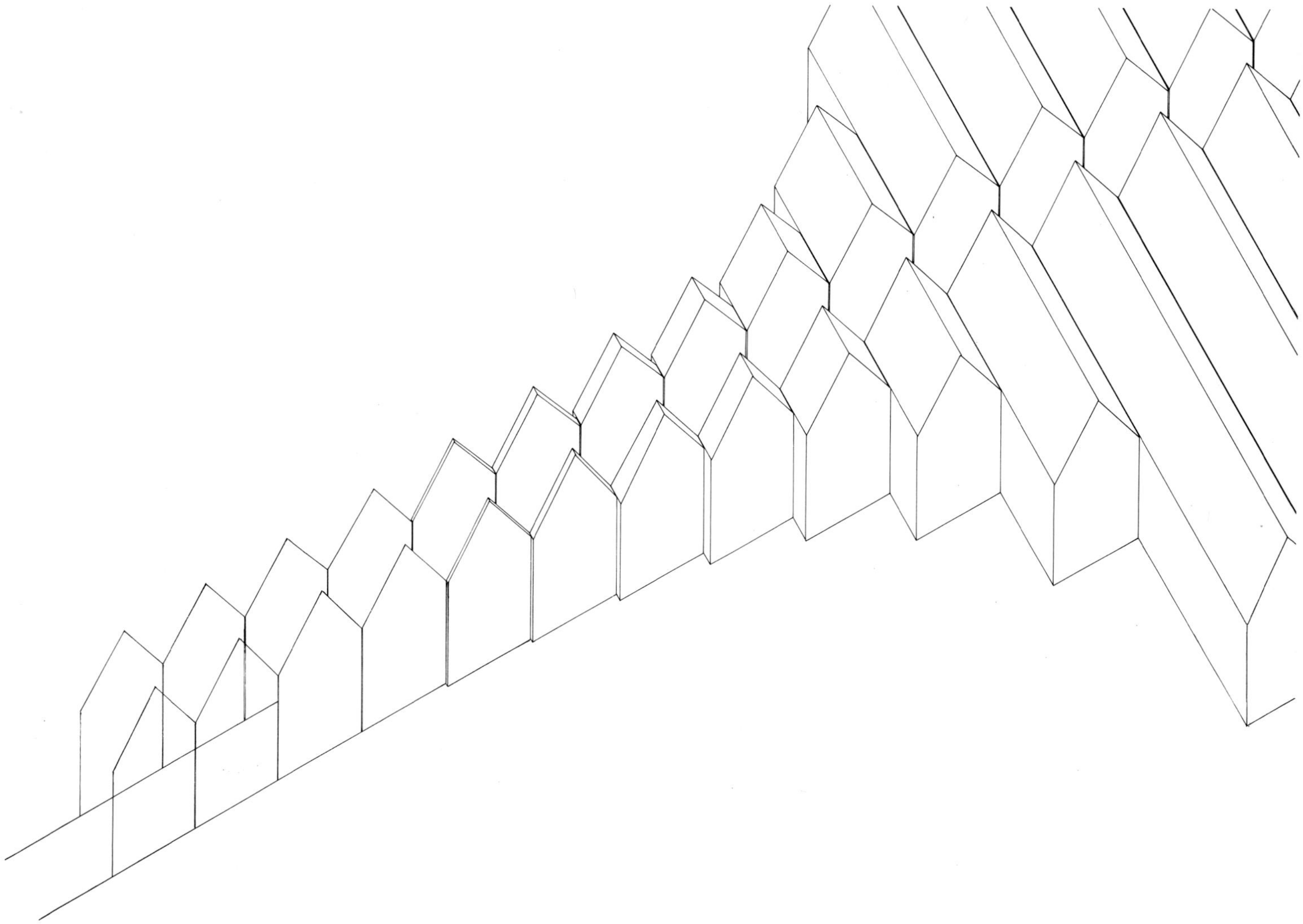

Giebelhausstraße. Die Hausform zuerst nur im Umriß angedeutet, dann aus Glas geschnitten, dann real gebaut und im folgenden immer tiefer werdend.
Ab welcher Tiefe wird ein Haus glaubwürdig?
Wieviele Häuser einer Stadt hat man selbst schon von innen gesehen? Lebt man in Wirklichkeit nicht zwischen leeren Fassaden?

Street with gabled houses. The form of the house is at first only suggested in outline, then cut from glass, then actually structured, becoming deeper and deeper.
At what depth does a house look believable? How many houses in a city have we actually seen from the inside? In reality, don't we live between empty facades?

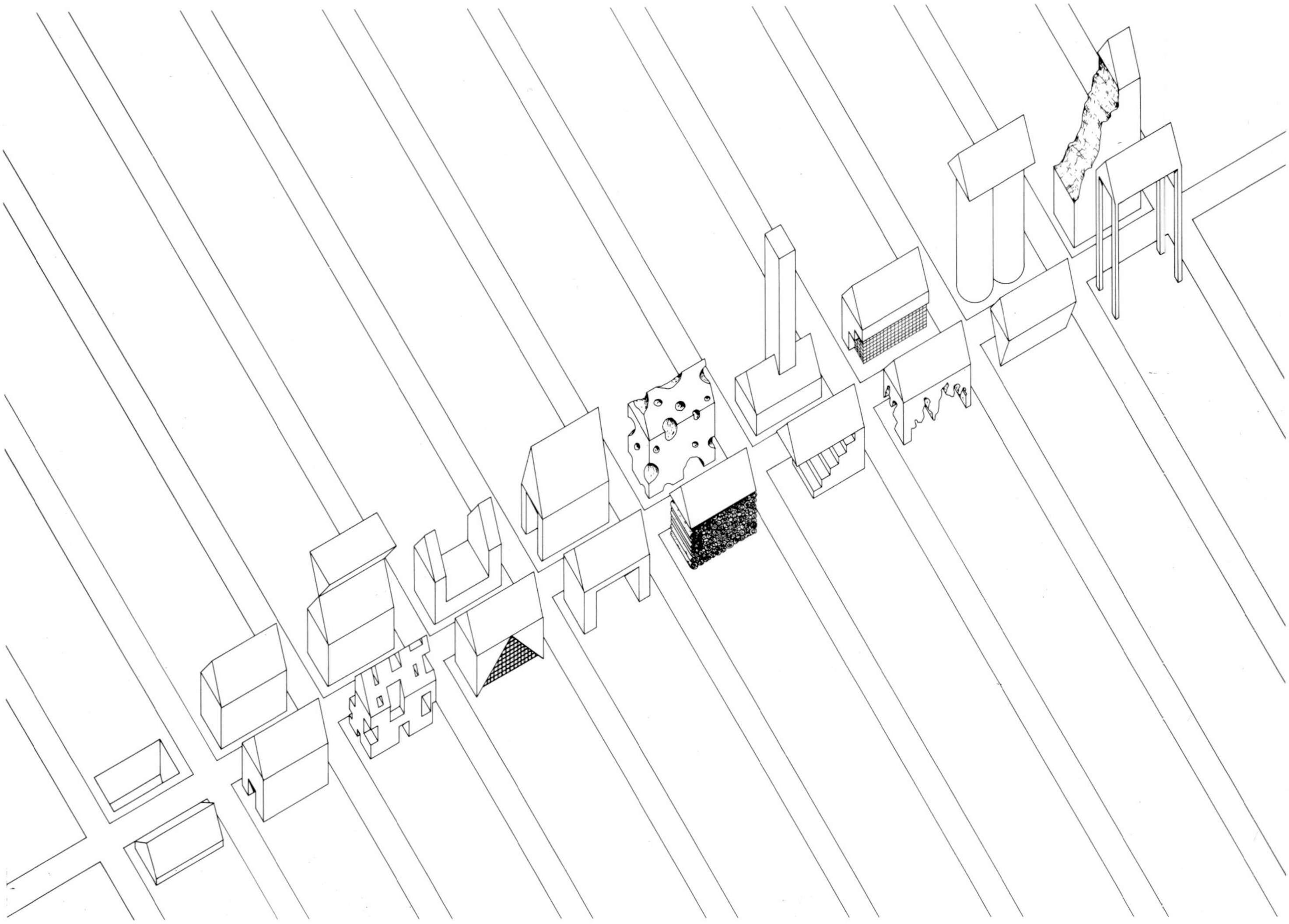

Deutsche Einfamilienhausvariationen in ein typisches Straßensystem eingefügt.

Variations on a German suburban home, incorporated into a typical street system.

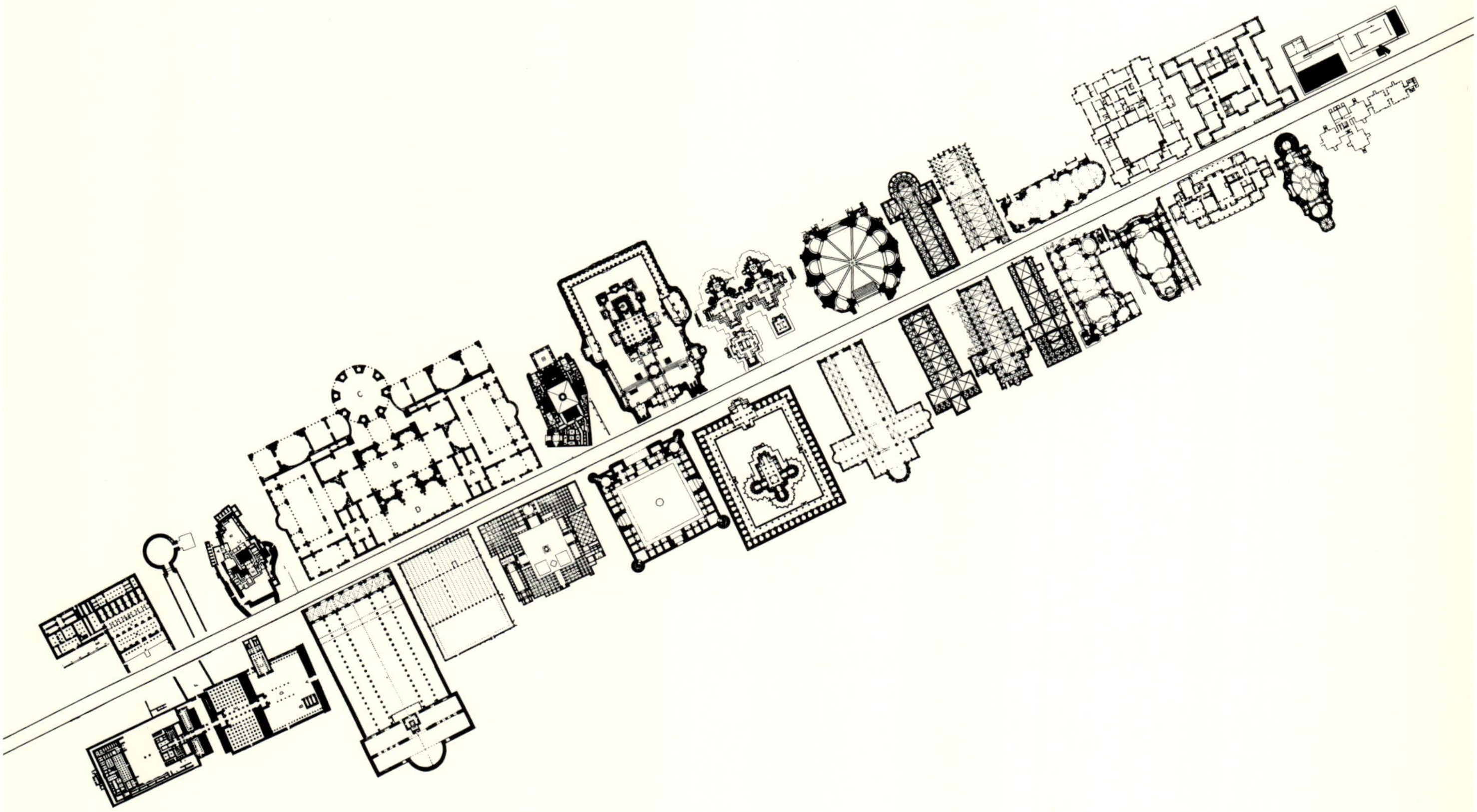

Baugeschichtsallee: die Grundrisse berühmter Architekturen an einem Weg aufgereiht.

Architectural history avenue: the groundplans of famous works of architecture arranged alongside a path.

Das Prinzip Dach: die Geschichte des Wohnens um einen Weg herum aufgebaut (Geschichtswege: die Geschichte jedes einzelnen Gegenstandes der Welt nachvollziehbar; denn alles, was in der Zeit und im Raum ist, hat auch seine Geschichte).

The Roof Principle: the history of human habitation arranged alongside a path (history paths: retrace the history of each and every objected in the world, for everything in time and space has its history).

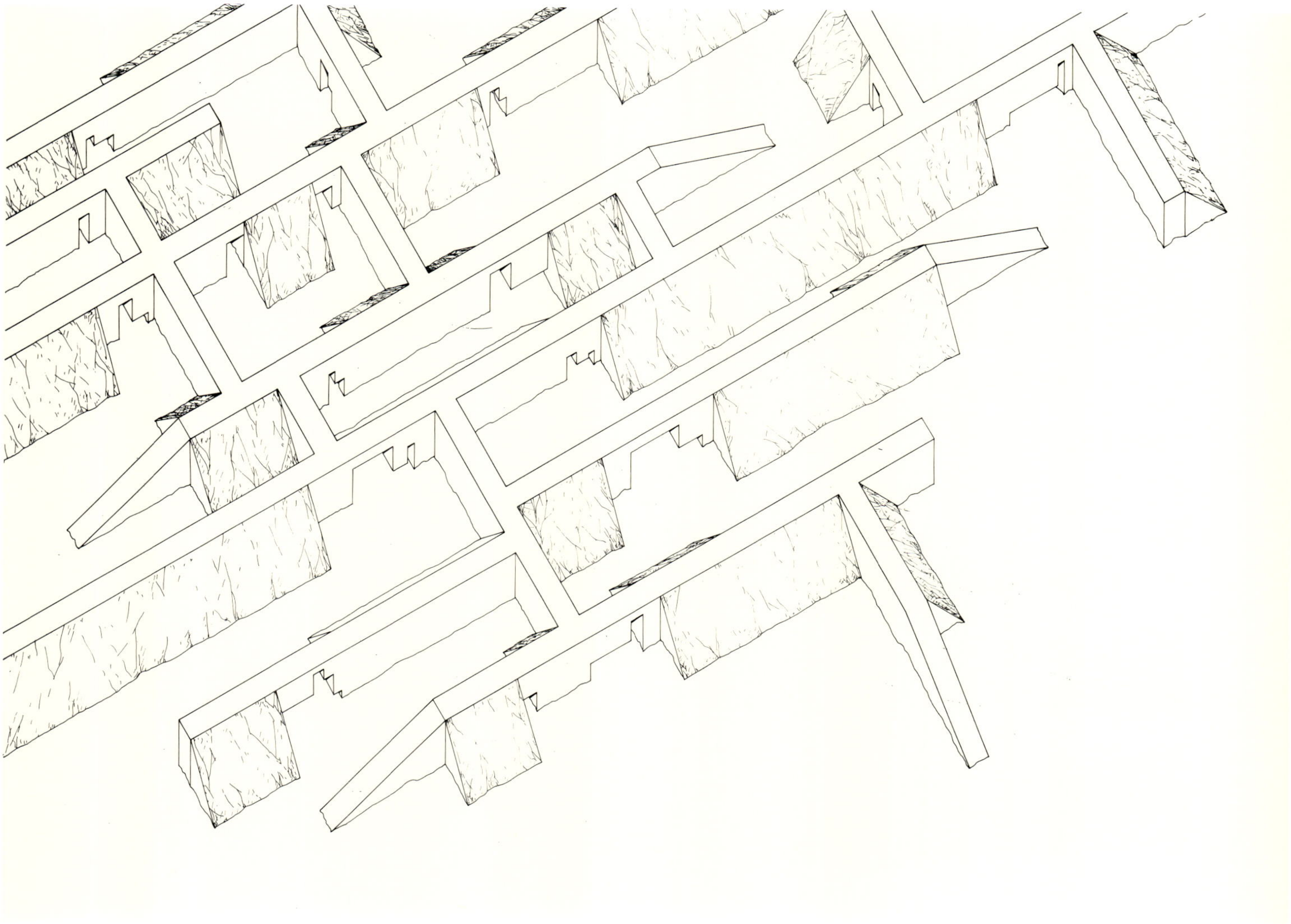

Architektur, Landschaftsteile und Wege zu einer Einheit zusammengefügt.

Architecture, landscape fragments and paths, joined together into a unified whole.

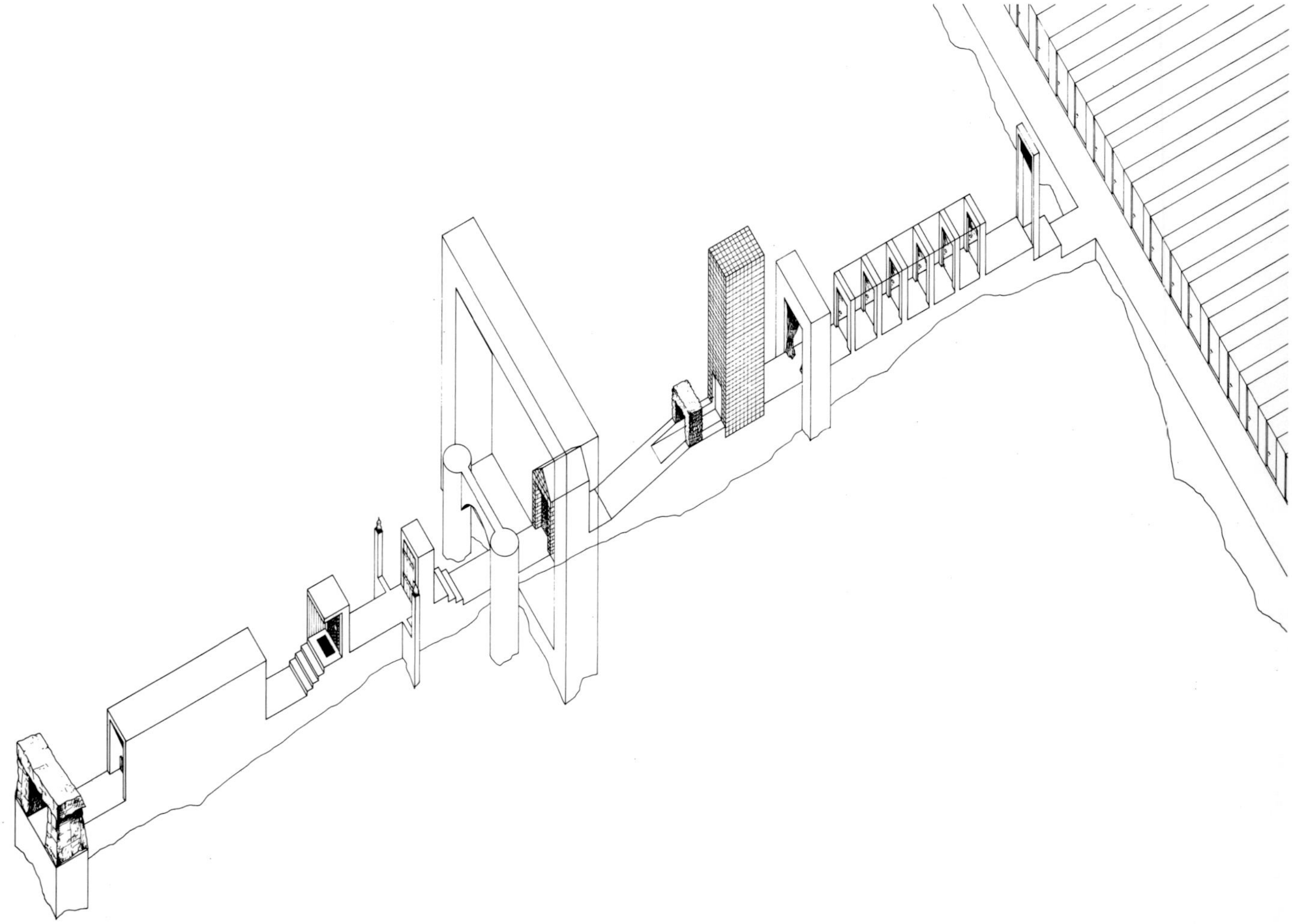

Eingangssituationen gereiht: Weg durch Höhlen, Tore, Pforten, Portale und Türen.

Entrance situations in a row: path leading through caves, gates, entryways, portals and doors.

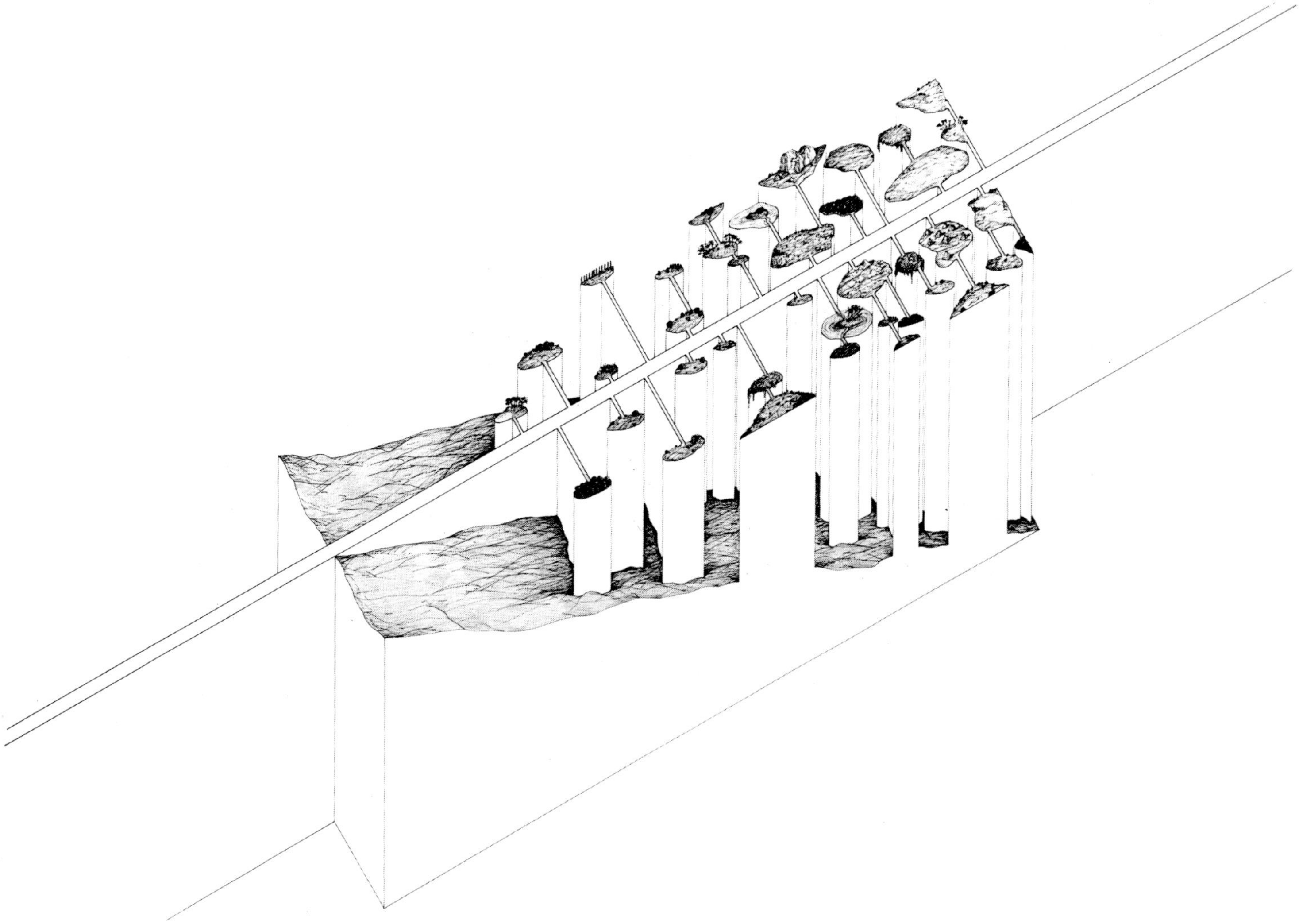

Weg durch ein Individualistengebiet. Nur über schmale Stege sind die privaten Paradiese erreichbar, die auf steilen Burgtürmen balancieren.

Path leading through an area inhabited by individualists. These private paradises, balancing on steep castle towers, can be reached only by way of narrow footbridges.

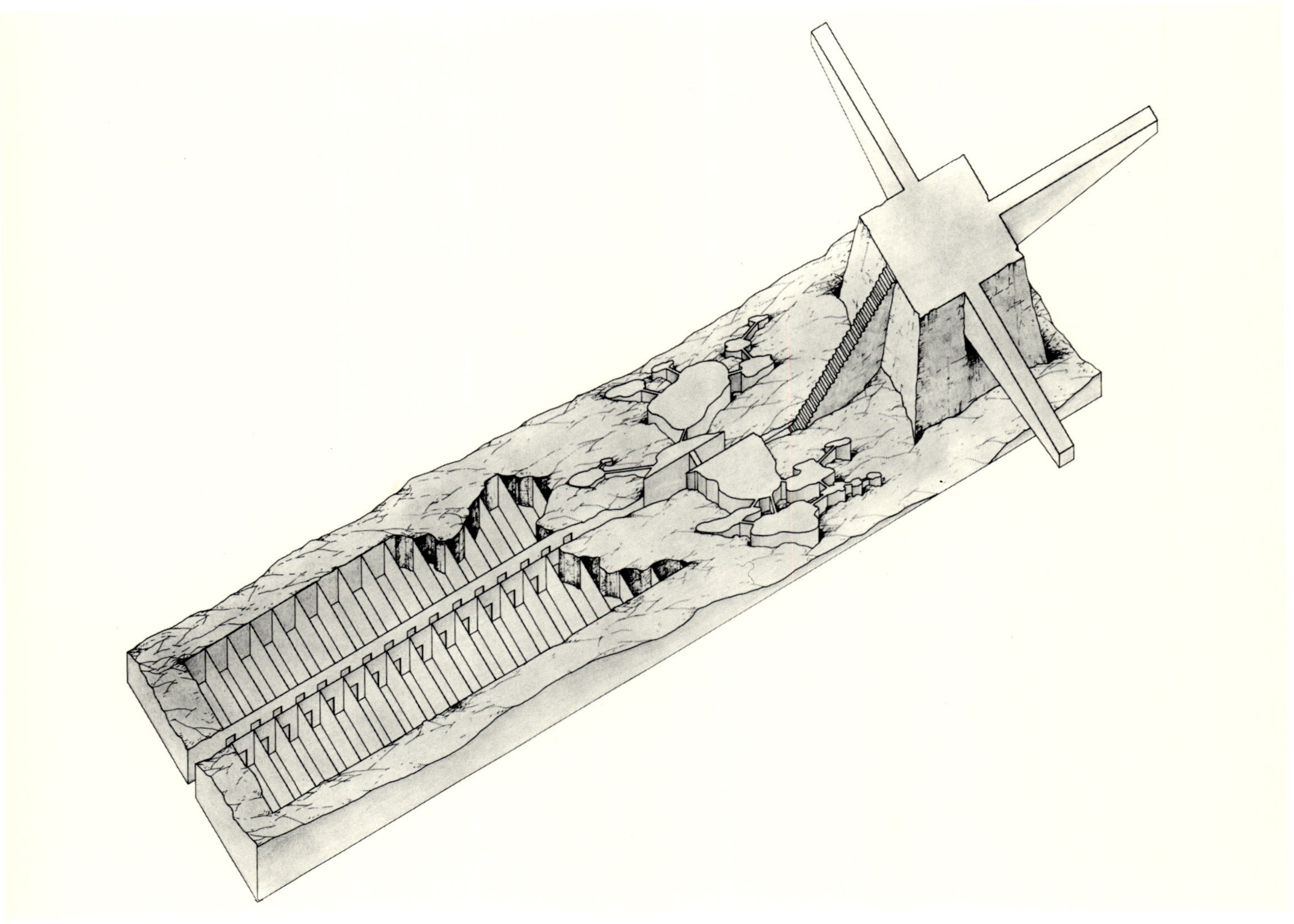

Dieser Weg führt durch einen Korridor, an dem Büroräume aufgereiht sind, er öffnet sich dann in eine Landschaft mit Inseln und steigt schließlich über eine steile Treppe auf eine höhergelegene Plattform mit weitaustragenden Wegfragmenten (Abschußrampen?).

This path leads through a corridor with adjoining offices. It then opens into a landscape with islands, finally ascending a steep stairway to an elevated plattform abutted by projecting fragments of paths (launching ramps?).

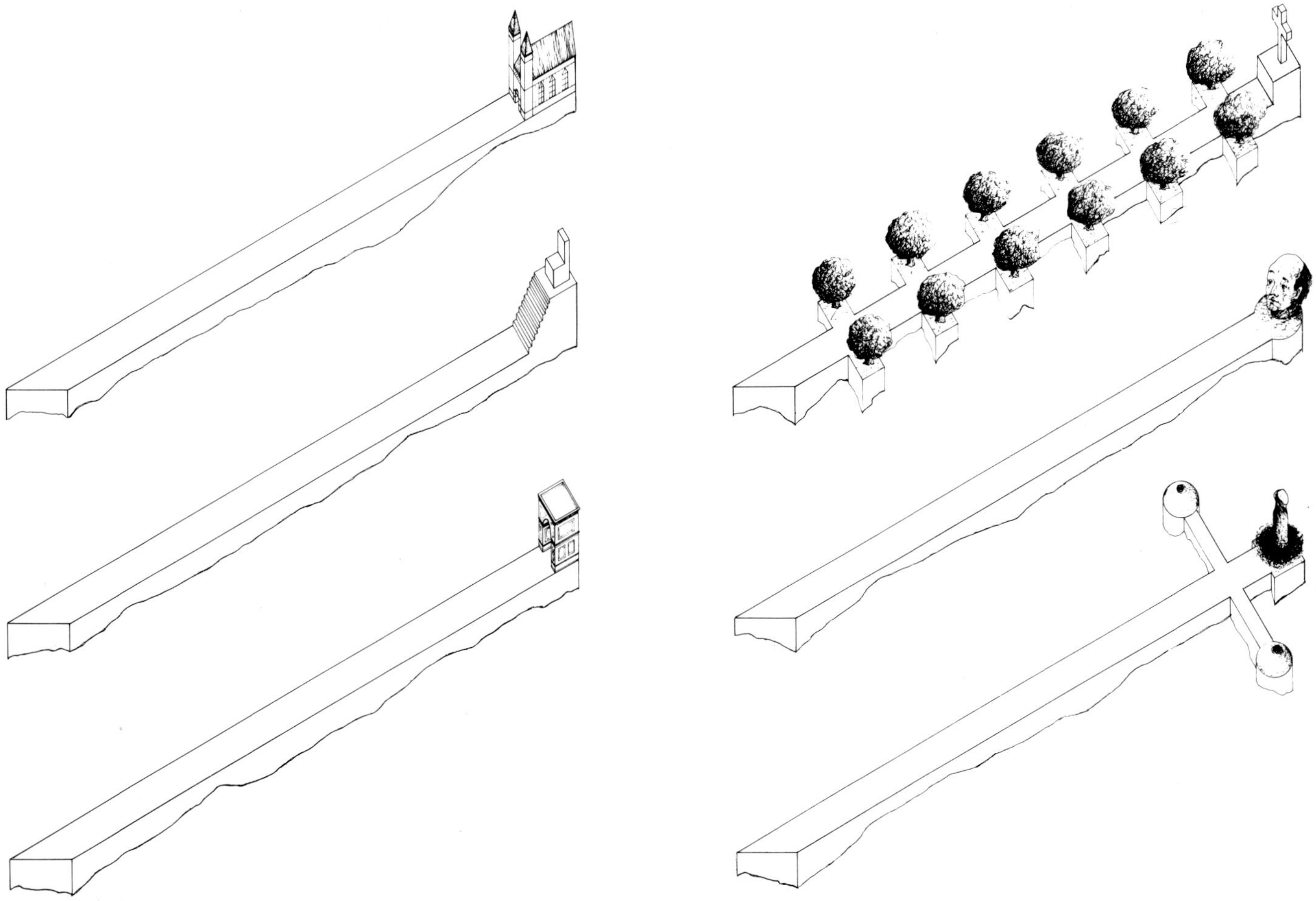

Wege mit Ziel, Wegenden.

Paths with destinations, terminations of paths.

»Die Störung der Gewohnheit bedeutet also die Geburt des Bewußtseins.«
(aus Otto Friedrich Bollnow: ›Philosophie der Erkenntnis‹)

›Thus, the disturbance of habit means the birth of consciousness.‹
(Otto Friedrich Bollnow: »Philosophie der Erkenntnis«)

Literaturverzeichnis

Jürgen Becker: ›Ränder‹, Edition Suhrkamp, Frankfurt a. M.1969

Thomas Bernhard: ›Frost‹, Suhrkamp Taschenbuch 57, Frankfurt a. M.1976

Thomas Bernhard: ›Gehen‹, Suhrkamp Taschenbuch 5, Frankfurt a. M.1973

Ernst Bloch: ›Das Prinzip Hoffnung‹, Band 1, Suhrkamp Verlag, 1968

Otto Friedrich Bollnow: ›Mensch und Raum‹, W. Kohlhammer-Verlag, Stuttgart 1968

Otto Friedrich Bollnow: ›Philosophie der Erkenntnis‹, Kohlhammer-Verlag, Stuttgart 1970

Knut Hamsun: ›Segen der Erde‹, Joachim Richter Verlagsbuchhandel, Heinrichshagen

Bibliography

Peter Handke: ›Das Gewicht der Welt‹, Residenz Verlag, Salzburg 1977

G. F. Jonke: ›Im Inland und im Ausland auch‹, Suhrkamp Taschenbuch 156, Frankfurt 1974

C. G. Jung: ›Die Tavistock Lectures 1935‹, Fischer Taschenbuch 6302

J. Linschoten: ›Die Straße und die unendliche Ferne‹, in: ›Situation‹ (zitiert von O. F. Bollnow)

›Münchhausens wunderbare Reisen‹, Deutscher Taschenbuch Verlag, München 1968

Rainer Maria Rilke: ›Die Aufzeichnungen des Malte Laurids Brigge‹, Deutscher Taschenbuch Verlag, München 1962

Peter Rosei: ›Wege‹, Suhrkamp Taschenbuch 311, Frankfurt a. M.1976

Hans Dieter Schaal

1943 in Ulm/Donau geboren, Architekturstudium in Hannover und Stuttgart,

1970 Diplom, arbeitet seitdem als freier Künstler, Architekt, Ausstellungsgestalter, Bühnenbildner und Landschaftsarchitekt in Attenweiler bei Ulm.

Buchveröffentlichungen:
Wege und Wegräume (1. Auflage 1978, weitere Auflagen Berlin 1985 und 1993), *Architektonische Situationen* (1. Auflage 1980, 2. Auflage Berlin 1986), *Denkgebäude* (Wiesbaden, 1983).
Architekturen, 1970–90 (Stuttgart 1990).
Neue Landschaftsarchitektur (Berlin 1993)

Daten zu den Zeichnungen des Buches:
Tusche auf Transparentpapier, DIN A 1, Sommer 1977 bis Frühjahr 1978.
Sämtliche Zeichnungen befinden sich im Besitz des Deutschen Architekturmuseums in Frankfurt/Main, Schaumainkai 43/43a

1943 born in Ulm/Donau, study of architecture in Hannover and Stuttgart,

1970 diploma, since then working as free artist, architect, designer of exhibitions, stage designer and landscape architect in Attenweiler bei Ulm.

Book publishings:
Wege und Wegräume (1. Auflage 1978, weitere Auflagen Berlin 1985 und 1993), *Architektonische Situationen* (1. Auflage 1980, 2. Auflage Berlin 1986), *Denkgebäude* (Wiesbaden, 1983).
Architekturen, 1970–90 (Stuttgart 1990).
Neue Landschaftsarchitektur (Berlin 1993)

Data concerning the designs (drawings) of the book:
Indian ink on transparent paper, DIN A 1, summer 1977 to spring 1978.
All the drawings are in possession of the German Museum of Architecture in Frankfurt/Main, Schaumainkai 43/43a